Bullies on Tour

Reiner Apel

Bullies on Tour

Bibliografische Information der Deutschen Nationalbibliothek
Die Deutsche Nationalbibliothek verzeichnet diese Publikation
in der Deutschen Nationalbibliografie; detaillierte bibliografische
Daten sind im Internet über http://dnb.d-nb.de abrufbar.

Umschlagdesign, Satz, Herstellung und Verlag:
BoD – Books on Demand, Norderstedt

ISBN 978-3-7583-9328-0

Inhalt

Warum braucht man eigentlich
Sprache, um den andern zu verstehen,
wenn man Liebe und Vertrauen
in deinen Augen kann schon sehen?
Wir reiten am Strand,
du nimmst meine Hand,
ich auf dem Fuchs, du auf dem Schimmel,
reiten wir bis zum Himmel.
Ich schließe die Augen,
ich brauche kein Licht,
nur Liebe in deinem Gesicht.
Ich vertraue dem Pferd,
es trägt mich blind.
Ich vertraue wie ein Kind.
Da kommen mit hechelnder Zunge meine
Freudenboten.
Ich steige ab und ergreife ihre Pfoten.

Kitty Möller, Grömitz 2023

Vorwort

Schon in meiner Kindheit habe ich im Garten in einem Zelt übernachtet, zusammen mit meinen Schwestern oder mit meinem Vater. Da wir Landwirtschaft hatten, war Urlaub nicht möglich. Aber dadurch war ich viel in der Natur. Später, als Teenager, haben wir an den Wochenenden viel gezeltet und die ersten Urlaube wurden auf Campingplätzen verbracht. Mein Traum war schon immer, mit einem Wohnmobil zu reisen. Mein Schatz ist auf einem Campingplatz groß geworden, die Schwiegereltern waren Dauercamper am Müggelsee bei Berlin. Später verbrachte sie den einen oder anderen Urlaub im Zelt oder im Wohnmobil. Als wir uns 2017 kennen lernten, stellten wir fest, dass wir viele Gemeinsamkeiten haben (»Augenzwinkern«), darunter auch den Traum vom Reisen im Wohnmobil. Und so kam es, dank Nina, dazu, dass wir uns ein Wohnmobil kauften und nun unseren Traum vom Reisen leben. Wann immer es geht, sind wir mit unserem Wohnmobil, das den Namen Jule trägt, unterwegs. Inzwischen begleiten uns unsere Hunde Frieda und Odin auf den Reisen. Die beiden gaben mir auch die Inspiration, dieses Buch zu schreiben.

An dieser Stelle möchte ich mich für die Unterstützung und auch Kritik bedanken, die ich erhalten habe. Besonders danken möchte ich meinem Schatz, der mit mir durch Höhen und Tiefen gegangen ist und mir immer Halt gegeben hat. Weiterer Dank geht an Oma und Opa, Nina und Mörv, Nico und Fio, Totti und Moni, die Mädels vom Fußpflegeevent, Regina, Roswitha und Olga, meine Tochter mit Familie, sowie Kitty für ihre tollen Gedichte.

Nun wünsche ich viel Spaß beim Lesen von »Bullies on Tour« und wem es gefallen hat, bitte gerne weitersagen und empfehlen.

Auf geht's ...

Es war noch früh, die Sonne stand knapp über dem Horizont. Eine leichte Brise wehte über die Neustädter Bucht. Außer dem Wind war nur noch das Rufen der Möwen und das Plätschern der Ostsee zu hören. Er stand im Gras der kleinen Düne. Alle Muskeln und Sehnen waren voll angespannt. Katzengleich schlich er in Richtung Strand, immer darauf bedacht, geduckt im Gras zu bleiben. Pfote für Pfote setzte er vorsichtig auf. Kurz vor dem Strand blieb er stehen, das Federvieh fest im Blick. Der Wind wehte ihm ins Gesicht, es roch nach Salz, Wasser, nach irgendwas Leckerem im Sand. Konzentrier dich, befahl eine innere Stimme. Jetzt ging er in Position, schätzte die Entfernung ab. Diesmal würde es klappen, diesmal würde er das Federvieh sicher zu fassen kriegen. Und dann passte alles. Mit einem kräftigen Satz sprang er auf den Strand und legte im Sprint die Distanz zu dem Federvieh zurück. Jetzt setzte er zum finalen Sprung an. Die Sehnen spannten sich, das Adrenalin jagte durch seine Adern, er flog über den Sand. Im Bruchteil einer Sekunde breitete die Möwe die Flügel aus, um davonzufliegen. Nur noch einen Meter! Siegessicher segelte er auf die abhebende Möwe zu – und landete mit einem lauten Klatschen im Wasser. Die Möwe über ihm lachte ihn aus. So ein Mist, wieder habe ich dich verpasst, du blödes Federvieh, so macht Spielen keinen Spaß! Enttäuscht sah er der davonfliegenden Möwe nach ...

Oh, da seid ihr ja, habt ihr gesehen, wie ich das Federvieh verjagt habe? Dann will ich mich mal vorstellen. Mich rufen Herrchen und Frauchen Odin, ich bin eine Französische Bulldogge, hellbraun mit schwarzer Maske und stolze 15 Kilo schwer. Ich tobe gern am Strand und bin verfressen. Meine Mitbewohnerin ist Nova Frieda von ..., von ..., von ... – ach, hab ich vergessen. Sie ist auch eine Französische Bulldogge. Sie behauptet, sie sei eine Adelige. Benehmen tut sie sich bisweilen auch so, aber die meiste Zeit ist sie eher eine Rockerbraut, mit der man toben kann. Sie ist drei Monate älter als ich, und auch wenn Frieda eher zierlich und etwas kleiner ist, ist sie um einiges flinker als ich. Und sie sieht wunderschön aus: weiß, mit Flecken um die Augen. Ein echter Hingucker. Sie guckt bisweilen etwas grimmig, aber sonst ist sie ganz okay. Frieda war schon da, als ich zur Familie kam. Wir haben uns sofort verstanden. Sie hat mir immer in die Ohren gebissen und mich ganz oft durch die Gegend gescheucht. Am Anfang wollte sie auch nicht mit mir kuscheln. Aber heute sind wir ganz dick. Ach ja, dann sind da ja noch die Zweibeiner. Die sind ganz okay. Die haben Frieda und ich ganz gut erzogen.

Wir wohnen in einem kleinen Haus mit einem kleinen Garten. Zum Strand sind es nur zehn Minuten zu Fuß. Es gibt tolles Futter und jede Menge Streicheleinheiten. Herrchen und Frauchen haben nur eine Macke, sie laufen irre gerne. Wir machen das ja gerne mit, nur sie übertreiben es immer. Wir sind dann jedes Mal kaputt und schlafen ganz viel. Dann wohnen da noch zwei Typen mit im Haus. Der eine ist ganz komisch, aber er streichelt uns ab und zu. Er ist aber selten bei uns unten. Der andere ist toll, er spielt mit uns und macht Blödsinn. Leider kommt er inzwischen nicht mehr so oft. Wenn ich das richtig verstanden habe, macht er eine Ausbildung und ist die Woche über woanders. So hat Frauchen das gesagt. Und ab und zu kommt noch ein anderes Frauchen, die will zu dem lustigen Typ im Haus. Die ist total lieb zu uns und freut sich immer, wenn sie uns streicheln kann. Unser Frauchen hat ein Büro im Haus, dort schlafen wir gerne, wenn sie da arbeiten muss. Herrchen ist auch viel zu Hause. Das ist toll. Er kocht sehr gerne und kuschelt viel mit Frieda und mir. Auch geht er viel mit uns nach draußen, vor allem zum Strand. Hier erleben wir tolle Abenteuer. Ich liebe das Wasser und gehe gerne baden. Das ist herrlich. Frieda hingegen ist da ganz die feine Dame. Nur etwas die Pfoten benetzen, bloß nicht nass werden. Und dann haben wir noch was ganz Tolles, nämlich ein rollendes Haus. Das nennen Herrchen und Frauchen Jule. Ab und zu geht es damit über das Wochenende oder länger weg von zu Hause.

Ich und Frieda möchten euch von unseren Abenteuern erzählen und auf unsere Reisen mitnehmen. Die Geschichten erzähle ich Herrchen und der schreibt sie auf, wuff!

Abfahrt ins Abenteuer

Frieda und ich führen ein tolles Hundeleben. Lange schlafen mit Herrchen und Frauchen, dabei viel kuscheln. Dann toben im Garten und ab zum Strand zusammen mit Frieda und dem einen oder anderen Spielgesellen. Dort im Wasser planschen und durch den Sand toben, die Nase immer voller Gerüche. Es riecht nach Meer, Salz und vergammeltem Fisch, nach ganz vielen anderen Hunden, die von überall her kommen, sowie nach Kaffee, Kuchen und leckerem Essen aus den Restaurants am Strand. Auch die vielen Menschen sind immer voll spannend. Danach geht es nach Hause, wo Herrchen uns lecker Futter gibt, bevor wir erst mal, gähn, ausruhen. Hört sich zwar langweilig an, ist aber toll.

In letzter Zeit ist Herrchen komisch. Frieda und ich fühlen, dass er so komisch traurig ist. Wir wissen nicht, warum, er hat doch alles, Frauchen ist total lieb zu ihm und wir lieben Herrchen auch ganz doll. Er sagt ab und zu, er habe Fernweh. Ich weiß zwar nicht, was das ist, aber wenn das traurig macht, ist es doof. Abends ist er, wenn die beiden fernsehen, nicht richtig bei der Sache. Immer hat er dieses komische Ding namens Handy in der Hand, er tippt darauf herum und brummt sich was in den Bart. Frauchen fragt ihn dann, was er da macht, aber er sagt nix. Ich bin mal rauf aufs Sofa und habe geschaut, was er da macht. Und siehe da, Herrchen sah sich auf einem kleinen Bildschirm Bilder mit rollenden Häusern an. – Ahhhh, jetzt verstehe ich, was hier los ist. Es soll wieder losgehen mit Jule. Es beginnt wieder ein Abenteuer. Wuff! Wuff!

Einige Tage später steht Jule vor der Tür. Sie ist viel größer als die anderen Autos in unserer Straße. Sie ist weiß, mit grauen Streifen dran. Hinten hat sie so ein komisches Gestell, auch viele Klappen und Türen. Fenster gibt es natürlich auch, und Jule riecht wunderbar nach Abenteuer. Frieda und ich spüren die leichte Aufregung im Haus. Herrchen sucht ganz viele Sachen zusammen, die wir brauchen werden, wenn es mit Jule auf Reisen geht. Hoffentlich denkt er an das Futter und die Spielzeuge für uns, denn ich hab immer Hunger wie ein Bär. Wenn es nach mir ginge, könnte ich den ganzen Tag essen. Frieda ist da nicht so. Die ist ganz Dame und stellt sich zum Teil ganz schön an beim Fressen. Aber das macht nichts, ich kümmere mich dann um ihr Futter. Das sehen Herrchen und Frauchen zwar gar nicht gerne, aber was soll ich machen, ich habe halt immer

Hunger. Und es riecht auch immer so lecker im Haus. Das ist dann schon fies. Frauchen sagt immer, ich sei zu dick. Pah, das stimmt gar nicht! Was kann ich denn dafür, dass mein Fell so weit ist? Und da ich größer bin als Frieda, sehe ich neben ihr natürlich auch dicker aus. Aber Frauchen glaubt das nicht. Jedenfalls hat ihr Gerede dafür gereicht, dass ich jetzt weniger Futter bekomme. Herrchen sagt immer, ich müsse noch an meiner Strandfigur arbeiten. Dabei hat er selber keine Strandfigur. Wuff.

Am Abend hörte ich, wie Herrchen und Frauchen darüber sprachen, wann es losgehen sollte mit Jule. Ich hörte ganz genau zu. Es sollte am Freitag starten. Frauchen hatte noch einen Termin und danach würde sie Feierabend machen. Dann sollte es auch schon losgehen. Frauchen war ganz aufgeregt. Sie mag nicht gerne packen, jammerte rum, dass sie nicht wisse, was sie mitnehmen soll. Und wie würde das Wetter werden? Wird es warm oder kalt oder regnet es vielleicht? Herrchen war da so wie ich, der machte sich da keinen großen Kopp. Frieda und ich konnten das Theater von Frauchen nicht verstehen. Wir haben unser Fell immer dabei und mehr braucht man doch nicht, oder?

Am Abend kam Frauchen von einem Termin nach Hause. Beim Abendessen meinte Frieda zu mir, sie fühle, dass es Frauchen nicht gut gehe. Ach, das war bestimmt nur die Aufregung wegen des Packens. Frauchen ging dann doch recht früh ins Bett. Wir kuschelten noch ausgiebig mit Herrchen auf dem Sofa und schauten dabei fern. Und morgen würde ein neues Abenteuer beginnen. Hoffentlich können wir schlafen. Ich bin so aufgeregt …

Ich reckte und streckte mich, gähnte herzhaft und schlug die Augen auf. Herrlich! Die Sonne lugte durch das Fenster. Herrchen schnarchte noch friedlich vor sich hin, ansonsten war es ruhig im Haus. Frieda hatte sich bei Frauchen unter die Decke gekuschelt. Ich träumte noch so vor mich hin und malte mir die Abenteuer aus, die wir auf unserer Reise erleben würden. Oh Mann, ich konnte kaum abwarten, dass es endlich losging. Kurzerhand schlabberte ich Herrchen wach. Dieser reckte und streckte sich ausgiebig. Frieda kam auch unter der Decke hervor und so kuschelten wir erst mal mit Herrchen. Dann bewegte sich endlich auch Frauchen.

Ich ging zu ihr, um sie zu begrüßen. Ups … Was war das? Frauchen, alles gut bei dir? Hey, du riechst nicht gut. Und … du sieht auch nicht gut aus, und außerdem bist du sehr warm. Irgendwas Krächzendes kam aus ihrem Mund. Solche Töne macht sie sonst nie, stellte ich erstaunt fest. Frieda legte den Kopf schief. Ein gurgelndes »Mich hat es erwischt« konnte man aus Frauchens Mund hören. Was hatte sie erwischt? Wo, wie, was? Ich verstand das nicht. War doch alles wie immer. Na ja, nicht ganz. Frauchen war schon etwas anders als sonst. Herrchen strich ihr über den Kopf und murmelte was von: »Herzlichen Glückwunsch, und du hast ja darum gebettelt.« Dann stand er lachend auf.

Endlich konnten wir in den Garten, es wurde auch höchste Zeit, lange wäre das nicht mehr gut gegangen. Frieda kam an und boxte mich beim Rauslaufen in die Seite. Ich schnappte nach ihr und schon war die schönste Tollerei im Gang. Als wir ausgepowert zurück ins Wohnzimmer kamen, saßen Herrchen und Frauchen am Tisch und tranken dieses komische Gebräu, das sie Kaffee nennen. Tja, so wie es aussah, war Frauchen wohl krank. Ich hörte dieses komische Wort, das ich in letzter Zeit schon öfter gehört hatte: CORONA. Soviel ich wusste, war das nicht gut. Frieda und ich schauten uns ängstlich an: Müssen Frauchen und Herrchen jetzt ins Krankenhaus? Wer gibt uns dann Futter? Wer macht die Tür auf, damit wir rauskönnen zum Pieschen? Und wer sammelt unsere »Häufchen« ein? Es war sonst keiner im Haus, die beiden Jungs waren schon im Urlaub. Und was sollte mit meinem Abenteuer werden?

Aber ich wurde beruhigt. Frauchen konnte leider nicht mit und so fuhren wir zusammen mit Herrchen ins Abenteuer.

Oh, das wird toll!

Nach kurzer Verabschiedung stiegen wir ein. Frieda und ich legten uns auf unsere Plätze und schon rumpelten wir los. Frieda lag unter dem Tisch auf ihrem Kissen und schlief schon. Ich hingegen konnte nicht schlafen. Mir war so komisch zumute, wurde ich etwa auch krank? Ich versuchte mich zu beruhigen und beobachtete Frieda, die selig vor sich hin schlummerte. Irgendwann fielen mir auch die Augen zu. Später hat uns Herrchen erzählt, wo wir langgefahren sind. Von Neustadt aus ging es auf der B76 über Eutin, Plön und Kiel in Richtung Rendsburg zum Wohnmobilpark Schacht-Audorf. Nach gut anderthalb Stunden Fahrt kamen wir an. Herrchen fährt immer Landstraße, damit wir die schöne Landschaft betrachten können. Leider verschlafen Frieda und ich das immer.

Kleines Wasser, große Pötte

Endlich war es ruhig, kein Lärm, kein Geschaukel, kein Gerumpel und nicht dieser fürchterliche Lärm, den Herrchen Musik nennt. Einfach nur Stille. Oh, wie schön. Nachdem Herrchen Jule aufgestellt und für Strom gesorgt hatte, durften wir endlich aussteigen und die Gegend erkunden.

»Brrr, ist das ungemütlich hier«, maulte Frieda und wäre am liebsten wieder eingestiegen. Ich fand es toll, aber auch nur, weil mein Magen sich beruhigt hatte. Es wehte ein kalter Wind und dunkle Wolken hingen am Himmel. Wir gingen los und liefen über den Stellplatz. Hier standen schon ein paar rollende Häuser, auch ein paar richtig große. Die sahen schon toll aus. Aber ich finde, Jule reicht uns vollkommen. Der Platz war geschottert und die Stellplätze waren durch Holzbalken auf der Erde zum Nachbarn hin abgetrennt. Wenn ich richtig gezählt hatte, waren es 41 Stellplätze. Nach vorn gab es einen Zaun, deswegen konnte ich nicht sehen, was dahinter war. Ich roch und hörte aber Wasser.

Es war jedoch ganz anders als zu Hause. Und es roch nach ganz vielen anderen Hunden und Menschen. Mann, waren wir aufgeregt. Wir gingen Richtung Einfahrt, die sah ich jetzt ja zum ersten Mal, da wir vorhin, als wir hier hier reingefahren waren, geschlafen hatten. Am Rand der Einfahrt war ein kleines Häuschen, in dem eine komischer Kasten stand. Herrchen murmelte was von »Kassenautomat«. Er bezahlte mit einer Karte und sagte fröhlich zu uns: »Willkommen in Schacht-Audorf!«

Jetzt schauten wir uns um. Vom Stellplatz aus gingen wir den Fuß- und Radweg nach links in Richtung eines kleinen Wäldchens. Dabei hatten wir unsere Nasen immer an der Erde, denn hier roch es ganz anders, nach Wald, Asphalt und Autos und nach ... irgendwas sehr Stinkendem. Diesen Geruch kannte ich noch nicht. Wir folgten dem Weg und kamen zu einem komischen Platz. Herrchen erklärte uns, dass das hier die Zufahrt zu einer Autofähre sei, mit der man über den Nord-Ostsee-Kanal fahren kann. Hatte ich da Ostsee gehört? Oh, wie geil, Wasser! Ihr müsst wissen, ich bin ziemlich wasserverrückt. Einmal am Tag musste ich in der Ostsee baden. Freudig zog ich Herrchen zum Wasser. Doch was war das! Das war nicht die Ostsee. Wollte Herrchen uns verarschen? Das Wasser hier war viel zu klein, hatte kaum Wellen und roch auch ganz anders. Wo war der Strand? Stattdessen waren da nur dicke, schwarze, große Steine. Ich konnte das andere Ufer sehen, das konnte ich in Neustadt nicht. Jetzt wusste ich auch, was hier so stank. Es war die Fähre. Es sah aus wie eine große Straße, nur dass hier Wasser floss.

Ich war enttäuscht. So hatte ich mir das nicht vorgestellt. Frieda hingegen war voll begeistert. Sie schnupperte überall herum und fand es toll. Als wir von der Fähre wieder weg in Richtung Jule gingen, durften wir ohne Leine laufen. Jetzt konnte ich dieses komische Wasser näher betrachten. Es roch und schmeckte nicht salzig. Es gab auch keinen Strand, sondern nur eine steile Böschung mit schwarzen Steinen. Und ganz komische große Vögel gab es hier. Die zu fangen, traute ich mich nicht. Auch waren die Schwäne und Wildgänse um einiges größer als die Möwen zu Hause. Herrchen schaute immer wieder zum Himmel hinauf, denn der war sehr grau und dunkel. Der Wind war auch nicht schön. Es sah nach Regen aus. Wir beeilten uns, zu Jule zu kommen.

Endlich im Warmen angekommen, begann es auch schon heftig zu regnen. Herrchen machte Kaffee, dann setzte er sich auf den Fahrersitz, schaute nach draußen und beobachtete den Regen. Frieda und ich fraßen etwas, rollten uns zusammen und schliefen ein. Später erzählte

Herrchen uns, dass der Kanal von einem Kaiser namens Wilhelm II. in Auftrag gegeben worden war, damit seine Marineflotte schnell von der Nordsee zur Ostsee kommen konnte. Aber Kriegsschiffe hätten den Kanal nie befahren. Der Kanal ist 100 Kilometer lang und verbindet die Mündung der Elbe bei Brunsbüttel, wo der Fluss in die Nordsee fließt, mit der Kieler Förde, also der Ostsee bei Kiel-Holtenau. Der Nord-Ostsee-Kanal ist die wichtigste künstliche Wasserstraße in Europa. Er wurde in acht Jahren erbaut, von 1887 bis 1895. Zweimal wurde der Kanal schon ausgebaut, sodass heute noch große Schiffe durch den Kanal fahren können. Und ich, wenn ich große sage, meine richtig große Schiffe. Diese Riesenpötte fuhren direkt an Jule vorbei. Ich habe große Augen gemacht. Die ganze Frontscheibe von Jule war voll mit Schiff, ich konnte nie den Anfang und das Ende eines Schiffes gleichzeitig sehen. Das war schon faszinierend.

Nach dem Regen sind wir dann wieder am Kanal in Richtung Rendsburg spazieren gegangen. Die Sonne schien und es war warm. Hin und wieder fuhr eines dieser großen Schiffe auf dem Kanal an uns vorbei. Das war immer wieder sehr beeindruckend. Herrchen ließ uns ohne Leine laufen und wir erkundeten den Weg und alles, was es rechts und links davon gab. Als wir wieder zurückkamen, trafen wir zwei

Zweibeiner mit drei Hunden, aber die Hunde waren doof, die haben nur gebellt und Theater gemacht, wir konnten nicht mal Hallo sagen und uns beschnuppern. Da sind wir ganz schnell zu Jule gegangen. Es wurde auch langsam dunkel.

Drinnen wurde die Heizung angemacht, damit es schön muckelig warm wurde. Herrchen machte sich und uns was zu futtern. Anschließend beobachteten wir die vorbeifahrenden Schiffe auf dem Kanal. Herrchen wurde dann auch bald müde und wir sind schlafen gegangen. Das war ein aufregender Tag.

Tag 2

Am nächsten Morgen wurde ich durch einen fürchterlichen Knall geweckt. Ich fuhr hoch und schaute nach Herrchen. Ganz ängstlich kroch ich unter seine Decke, wo Frieda auch schon lag. Herrchen beruhigte uns, es würde draußen nur gewittern. Der Regen prasselte auf Jule. Herrchen stand auf und öffnete die Vorhänge. Es sah fürchterlich aus, ein richtiges Unwetter war das. Frieda und ich blieben lieber unter der warmen Decke. Wir hatten Angst, es könnte uns der Himmel auf den Kopf fallen.

Herrchen setzte sich mit Kaffee und Decke auf den Fahrersitz und schaute nach draußen. Immer wieder fuhren große und kleinere Schiffe auf dem Kanal entlang. Ich hatte nicht gewusst, das es so viele verschiedene Schiffe gibt. Herrchen erklärte uns, dass täglich bis zu 80 Schiffe durch den Kanal fahren. Das ist schon richtig viel. In Neustadt sehe ich vielleicht mal ein, zwei große Schiffe am Tag.

Nach dem Gewitter schien dann auch wieder die Sonne und wir liefen vom Stellplatz wieder in Richtung Rendsburg, um uns die große Brücke mit der Schwebefähre anzuschauen. Der

Weg führte wieder am Kanal entlang. Rechts war das Wasser und links der Deich. Frieda und ich durften wieder ohne Leine laufen, so erkundeten wir die Deichseite. Herrchen lief am Kanal entlang und machte ab und zu ein Foto. Für uns war das total spannend. Wir jagten uns den Deich rauf und runter, da gab es überall was Interessantes zu beschnuppern. Es war herrlich. Am Kanal waren ein paar Spaziergänger und Radfahrer unterwegs. Die Vögel zwitscherten fröhlich und ein paar Enten flogen über den Kanal hinweg. Von Weitem konnte man schon die Brücke sehen, die über den Kanal ging, sie sah sehr beeindruckend aus. Sie ist 42 Meter hoch und 295 Meter lang. Dazu kommt eine lange Rampe, damit der Zug überhaupt über die eigentliche Brücke fahren kann. Diese Schleife alleine ist schon vier Kilometer lang. Die Brücke wurde in nur zwei Jahren gebaut, von 1911 bis 1913. Es ist eine beeindruckende Stahlgitterkonstruktion, die zum technischen Denkmal erklärt wurde. Aber das Tollste an der Brücke ist die Schwebefähre. Sie hängt an Stahlseilen unter der Brücke und wird mit Elektromotoren angetrieben. So können Autos, Fußgänger und Radfahrer über den Nord-Ostsee-Kanal nach Rendsburg gelangen. Die Überfahrt dauert etwa zwei Minuten und die Fähre setzt alle 15 Minuten über. Das Übersetzen ist kostenlos.

Boah, wat Herrchen alles weiß! Ist schon erstaunlich.

Leider fuhr die Fähre an dem Tag nicht. Es wurden Wartungsarbeiten durchgeführt. Aber wir waren bestimmt nicht das letzte Mal hier. Wir würden das alles Frauchen zeigen, wenn sie wieder fit ist.

Herrchen erklärte uns noch, dass er eigentlich vorhatte, Jule auf den Stellplatz neben der Brücke zu parken, er war aber wohl ganz froh, dass wir in Schacht-Audorf waren. Mit der Sonne im Gesicht spazierten wir am Kanal zurück zu unserem Stellplatz. Kurz bevor wir da waren, kamen uns die Zweibeiner mit den Hunden vom Vortag entgegen. Diese laufenden Staubwedel machten wieder fürchterlich Theater. Herrchen sprach mit den Frauchen der Hunde. Wir wollten wieder schnuppern und Hallo sagen, was uns auch diesmal nicht gelang. Die drei waren nur am Kläffen. Herrchen meinte nur, sie sollten die drei mal von der Leine lassen. Die Damen schauten sich erst fragend an, aber dann banden sie die drei Krawallbürsten los. Ich machte mich schon für einen Angriff bereit, denn so wie die kläfften, würden sie uns bestimmt in Stücke reißen. Frieda und mir standen die Nackenhaare vor Anspannung hoch. Ich machte mich auf alles gefasst. Alles in mir würde sich wehren und ich würde Frieda verteidigen bis aufs Blut. Und dann waren die drei los – Stille ... nichts passierte. Ich konnte es nicht glauben, diese Krawallbürsten versteckten sich hinter ihren Frauchen und lugten ängstlich hinter ihren Beinen zu uns rüber. Mutig gingen wir auf sie zu. Jetzt machten die drei sich erst recht klein. Wir beschnupperten die ängstlichen Fellknäuel. Nach einiger Zeit fingen sie an, mit uns zu spielen. Das war dann noch mal ein schöner Abschluss des Tages.

Später zurück in Jule, bekamen wir unser Fressen und anschließend rollten wir uns zusammen und schliefen zufrieden ein. Herrchen saß noch eine Weile auf seinem Platz, schaute auf den Kanal und beobachtete die Schiffe, die vorbeifuhren.

Tag 3

Nach einer ruhigen Nacht und der morgendlichen Gassirunde gab es Frühstück. Danach wurde Jule wieder reisefertig gemacht. Es ging weiter. Herrchen wollte zu einem anderen Stellplatz am Kanal. Die Sonne lugte durch die Wolken und wir fuhren los. Die Fahrt ging über schöne Landstraßen mit ganz vielen großen Bäumen an der Seite. Kurz bevor wir einschliefen, kamen wir nach Sehestedt.

Herrchen sagt, das sei am Kanal ein besonderer Ort. Es ist der einzige, der durch den Kanal geteilt wird. Es soll beim Bau des Kanals nicht ganz mit rechten Dingen zugegangen sein. So soll es einem Großgrundbesitzer gelungen sein, die Planer dazu zu bringen, seine Ländereien nicht durch den Kanal zerteilen zu lassen. Aber das kleine Dorf Sehestedt wurde geteilt. Es zählt zu den ältesten Rittergütern im alten Herzogtum Schleswig und wurde 1282 das erste Mal urkundlich erwähnt. Das Wahrzeichen von Sehestedt ist die Felsenkirche Peter und Paul aus dem 13. Jahrhundert.

Diesmal fuhren wir mit der Fähre über den Kanal. Auf der anderen Seite war ein Café und auf dem Parkplatz daneben durfte man mit Wohnmobilen eine Nacht lang stehen. Auf der anderen Straßenseite stand die berühmte Kirche. Wir hatten Glück, ein Stellplatz wurde gerade frei. Nachdem Herrchen den Parkschein gezogen hatte, erkundeten wir die Umgebung. Der Parkplatz war voll, dementsprechend war im Café ordentlich was los. Von einer Terrasse aus hatte man einen schönen Blick auf den Ort, den Kanal und die Fähre, die hin und her fuhr. Wir schauten uns ein wenig um, aber wir kamen nicht weit, weil das Aprilwetter mal wieder zuschlug. Es schüttete und hagelte, was der Himmel hergab. Es war schon beängstigend in der Jule. Herrchen beobachtete wieder den Kanal und die Schiffe, die darauf fuhren. Er konnte in seinem Handy nachschauen, was für Schiffe es gerade waren. Frachtschiffe, Tanker, Schlepper und so weiter.

Erst gegen Nachmittag wurde das Wetter besser und wir konnten wieder am Kanal spazieren gehen, ohne gleich nass zu werden. Auch hier konnten wir wieder ohne Leine laufen und die tolle Landschaft erkunden. Wir tobten den Deich rauf und runter, erkundeten das Ufer und versuchten die vielen Vögel zu fangen, was uns aber nie gelang. Herrchen fotografierte uns und die schöne Natur. Nach bestimmt zwei Stunden waren wir wieder bei Jule angekommen. Frieda und ich waren vollkommen groggy. Nur noch rein und schlafen. Dass Herrchen sich und uns was zu essen machte, bekamen wir nicht mehr mit. Irgendwann vernahmen meine Ohren die Stimme von Frauchen. Waren wir etwa schon zu Hause? Oder war Frauchen uns nachgefahren? Als ich wacher war, stellte ich fest, dass Herrchen und Frauchen telefonierten. Ich hörte etwas von »Mir geht es nicht gut« und »Ich werde wohl auch krank«.

Ich stupste Frieda an. Hast du das gehört? Kannst du mir erklären, was jetzt los ist? Tja, was soll ich euch sagen. Herrchen hatte es auch erwischt. Auch Corona ... toll, war das Abenteuer wohl mal wieder vorbei.

Am nächsten Morgen machte Herrchen Jule reisefertig und es ging Richtung Heimat. Frieda und ich waren traurig, dass es schon wieder nach Hause ging, hatte der Spaß doch gerade erst angefangen. Aber wir freuten uns auch auf Frauchen, den Garten, unsere Kissen und besonders darüber, dass wir Herrchen und Frauchen wieder beide bei uns haben würden. Und wenn die beiden wieder gesund sind, dauert es bestimmt nicht lange und es beginnt ein neues Abenteuer.

So, ich sag erst mal Tschüss und bis zum nächsten Mal, wenn ihr mögt.

Wuff, wuff! Eure Odin und Frieda.

Das Abenteuer Normalität

Moin Leute, da seid ihr ja wieder. Alle gesund und munter, das ist schön. Seit unserem letzten Abenteuer ist einiges passiert. Herrchen und Frauchen hat dieses Corona ganz schön umgehauen. Da war ein paar Tage nix mit großer Runde Gassi zum Strand oder so. Überhaupt ist zu Hause nicht viel passiert. Frieda und ich haben stattdessen wie auch Herrchen und Frauchen ganz viel geschlafen. Das war einerseits schön, aber auch ganz schön langweilig. Das Wetter war Gott sei Dank auch nicht so wirklich super, von daher ließ sich das recht gut ertragen.

Ostern sind dann die Kinder von Frauchen zu Besuch gekommen. Bei Kaffee und Kuchen wurde viel erzählt. Und ganz toll war, dass wieder mit uns gespielt wurde, das hatten wir bei der ganzen Corona-Krankheit vermisst. Der Sohn von Frauchen, der noch im Haus wohnt, aber nur am Wochenende da ist, hat viel mit dem Ball mit uns gespielt. Das ist immer superspannend für uns. Und die Tochter hat ganz viel gekuschelt. Grrrr, die riecht immer so gut nach Katze und Futter und ich weiß nicht, was der andere tolle Duft ist, der ist aber auch sehr angenehm. Wir werden immer sehr kuschelbedürftig bei ihren zarten, weichen Händen. Bin dann immer ganz hin und weg. Frieda ist dann immer ganz eifersüchtig und drängelt sich dazwischen, um auch gestreichelt zu werden.

Zwei Tage später lag irgendwie schon morgens Anspannung in der Luft und wir haben nur eine kleine Gassirunde gedreht. Wenn ich das richtig verstanden hatte, sollte es heute zum Tierarzt gehen. Die Mädels beim Arzt waren immer sehr nett zu uns und es gab immer Leckerlis und ganz viele Streicheleinheiten. Auch wurden wir von Herrchen und Frauchen dafür viel gelobt. Wenn es nach mir ginge, könnte ich immerzu Leckerlis essen, aber das finden, wie ich schon sagte, Frauchen und Herrchen nicht gut. Ich werde zu dick, heißt es dann. Das ist vollkommener Quatsch. Was kann ich denn dafür, dass mein Fell so groß ist, Ich bin nicht dick! Ich bin gemütlich. Und so schlimm kann das gar nicht sein, denn die anderen Zweibeiner schauen mich und Frieda immer ganz verliebt an. Jedenfalls war Frauchen ganz ängstlich und angespannt. Das war nicht zu überriechen. Aber Herrchen sah auch nicht besser aus.

Aber dann wurde Frieda fertig gemacht. Sie schaute mich etwas verwirrt an, aber ich musste

wohl nicht zum Arzt, obwohl ich gerne mit-
gekommen wäre, denn ich muss Frieda doch
immer beschützen. So trollte ich mich in mein
Kissen und wartete darauf, dass meine Frieda
wieder heimkommen würde.

Nach einiger Zeit war aber nur Frauchen wieder da. Ich lief aufgeregt im Haus umher und
schaute, wo Frieda ist. Aber sie war nicht da.
Herrchen und Frauchen waren recht entspannt,
also konnte es nicht Schlimmes sein. Ich bekam
nur mit, dass der Arzt anrufen würde, wenn
Frieda fertig wäre. Mit was würde er fertig sein?
Was macht er mit meiner Frieda? Herrchen,
Frauchen – Hilfe! Jetzt machte ich mir doch Sorgen. Frauchen ging in ihr Büro und Herrchen
wuselte im Haus rum. Die waren beschäftigt.
Doch ich konnte nur daliegen und abwarten, was
weiter passiert.

Gegen Mittag fuhr Frauchen los, um Frieda
zu holen. Boah, war ich nervös. Als sie endlich wieder zu Hause war, gab es einen neuen
Schock für mich. Frieda war ganz komisch, ich
hatte das Gefühl, dass sie gar nicht wach war,
und sie roch sehr streng, ganz doll nach Arzt-
praxis. Dann hatte man ihr auch noch so einen
komischen Anzug angezogen. Frieda wackelte
durch das Haus in Richtung Kuschelkissen und
schlief gleich ein. Ich beschnüffelte sie ausgiebig
und merkte, dass es ihr nicht gut ging und sie

wohl Schmerzen hatte. Ich war dann ganz vorsichtig mit meiner Frieda, leckte ihr die Ohren und die Schnauze und legte mich neben sie. Ich beschützte meine arme Frieda. Hoffentlich geht es ihr bald besser, dachte ich.

Die nächsten Tage änderte sich kaum etwas an Friedas Zustand. Herrchen und Frauchen schienen aber nicht allzu beunruhigt zu sein. Das gab mir Hoffnung, dass alles wieder gut werden würde. Nach einer Woche konnte Frieda den komischen Anzug endlich ausziehen. Erst war sie noch ganz vorsichtig beim Laufen, aber sie vergaß recht schnell, was mit ihr passiert war, und tobte wie wild durch den Garten. Irgendwie war sie jetzt aufgedrehter als sonst. Sie hatte noch mehr Energie als vorher. Jetzt wünschte ich, sie hätte diesen Anzug wieder an. Frieda scheuchte mich ordentlich durch den Garten. Auf dem Weg zum Strand und auch am Strand selbst war es noch schlimmer. Ich rettete mich ins Wasser, denn dorthin folgte sie mir normalerweise nicht. Zumindest bisher nicht. Doch jetzt war Frieda mutiger geworden. Davon war ich nicht begeistert, denn jetzt konnte ich mich nicht mehr so einfach ins Wasser retten. Frieda kam einfach hinterher, um mich zu ärgern. Sie hatte sich verändert, plötzlich war sie ein Energiebündel. Was ja ganz schön war, aber ich hatte große Mühe, da mitzuhalten. Und wenn ich nicht mehr konnte, wurde Frieda auch ganz schön gemein zu mir. Da gingen dann Herrchen und Frauchen dazwischen. Dann musste sich Frieda anhören, dass sie eine »alte Zicke« sei. Ich verstand das Wort zwar nicht, aber es hörte sich nicht so schön an. Doch Frieda machte das nichts aus. Ich fragte mich schon, was mit meiner Freundin passiert war beim Tierarzt. Hin und wieder bekam ich mit, dass das Wort »Kastration« fiel. Keine Ahnung, was das hieß, schien nix Schlimmes zu sein. Mir wurde dasselbe angedroht, wenn ich mich weiter wie ein Macho benehmen würde. Keine Ahnung, was sie damit meinten.

Seit Neustem gehen wir morgens nicht mehr zum Wasser. Schade, ich vermisse das. Jeden Morgen laufen wir stattdessen durch Neustadt und bringen Herrchen zu einem Haus. Frauchen hat uns erklärt, dass er krank ist und in eine Klinik muss. Also bringen wir ihn jetzt jeden Tag in die Tagesklinik. Irgendwann ist Herrchen wieder da und meistens gehen wir dann noch zum Strand. Er war in letzter Zeit sehr oft traurig und still, das hatten wir bemerkt. Wir haben dann ganz viel mit ihm gekuschelt. Inzwischen schien die Klinik Herrchen geholfen zu haben und es ging ihm besser. So vergingen die Tage.

So muss es in der Wüste sein

Frieda lag lauernd im Gras, alles an ihr war angespannt, sie behielt ihre Beute im Blick. Ihre Sinne geschärft, gegen den Wind gerichtet. Bewegungslos wartete sie ab, wann der richtige Zeitpunkt für den Angriff da wäre. Die Beute war etwas größer als sie und wohl auch ein ganzes Stück schwerer. Aber sie war inzwischen erfahren genug, um zu wissen, was sie angreifen konnte.

Langsam kam die Beute auf sie zu, immer noch ahnungslos. Selbst das Kreischen der Möwen brachte sie nicht aus der Konzentration. Jetzt war der richtige Moment gekommen. Der Wind kam von vorne, sie konnte die Beute riechen und auch hören. Das Röcheln kam näher. Jetzt sprang sie katzengleich los. Mit schnellen Schritten überwand sie die Distanz und setzte zum finalen Sprung an. Erst jetzt bemerkte die Beute den Angriff, aber es war zu spät. Der Angriff ging gezielt gegen ihren empfindlichen Hals. Friedas Zähne bohrten sich in das Fell. Durch die Wucht des Aufpralls wurde sie mit der

Beute auf den Boden geschleudert. Blitzschnell stand sie wieder auf den Beinen und attackierte wieder und wieder das Hals des Opfers. Der Angegriffene wand sich unter ihr, hatte aber keine Chance mehr, zu entkommen. Das Ende seines Lebens war besiegelt ...

»Okay, okay, du hast gewonnen«, japste Odin, der auf dem Rücken lag und sich gegen Frieda wehrte. »Du bist doch völlig irre, was stimmt mit dir nicht?«

Frieda schaute unschuldig und meinte, sie wisse es nicht, ihr gehe es nur unheimlich gut. Und schon fegte sie wieder los. Ich hinterher, indem ich sie zu fangen versuchte, was mir nicht wirklich gelang. »Dir haben sie doch 'ne Batterie zu viel eingebaut.« Ich konnte nicht mehr. Frieda war mir zu anstrengend.

Herrchen und Frauchen standen lachend auf der Wiese und beobachteten das Schauspiel. Frauchen hatte ein Einsehen mit mir. Mit uns beiden Hunden an der Leine ging es nach Hause. Fix und fertig schleppte ich mich ins Wohnzimmer und legte mich laut hechelnd auf die kalten Fliesen. Augenblicklich schlief ich ein.

Frieda war seit der OP viel fitter und auch viel ausgeglichener. Nicht mehr so launisch, sondern immer gut drauf. Mir fiel auf, dass sie nicht mehr so gerne mit anderen Hunden zusammen war. Roma, den Boxer, traf sie gerne, doch mit dem wilden Spanier war es voll peinlich, denn dann schmiss sie sich immer so unterwürfig und liebevoll auf den Rücken und Roma fand das auch noch toll. Ich konnte da gar nicht hinsehen. Uhaaa, wie peinlich die beiden waren! Und die Zweibeiner fanden das auch noch toll. Voll daneben. Ich bin zwar jünger als Frieda, aber ich bin viel vernünftiger als sie. Ich weiß, was sich gehört. Ich stolziere dann mit erhobenem Kopf an den beiden vorbei und würdige sie keines Blickes. Ich bin ja inzwischen kein kleiner Baby-Bully mehr. Ich bin der König der Straße. Und da soll jeder sehen, besonders die Mädels, was ich für ein toller Kerl bin.

An diesem Abend bekam ich mit, wie Herrchen und Frauchen sich unterhielten. Ich hörte was von anderem Futter und Diät. Damit war bestimmt Frieda gemeint, denn die brach sich im Moment einen ab beim Fressen. Außerdem fiel wieder das magische Wort »Jule«. Ich schlief dann selig ein. Es würde wieder losgehen mit Jule ...

Doch tatsächlich war die Stimmung in den nächsten Tagen gar nicht urlaubsfreudig. Frauchen hatte sehr viel zu tun und ganz schön Stress, während Herrchen immer noch in der Klinik war, auch dem ging es nicht wirklich besser. Die Atmosphäre war sehr angespannt. Am Mittwoch stand Jule dann wieder vor der Tür und am nächsten Tag belud Herrchen sie. Frieda und ich waren etwas in Sorge, ob der Urlaub wieder ohne Frauchen stattfinden würde. Soviel ich verstanden hatte, sollte es auf eine Insel gehen und wir würden ins Ausland fahren. Das war alles voll aufregend. Ich hatte keine Ahnung, was das Ausland sein sollte oder wo Dänemark lag. Hautsache, es gab dort Wasser. Herrchen erklärte mir, dass das Wasser dort anders sei als das, was ich bis jetzt kenne. Aber das war mir so was von egal, Hauptsache, es gab überhaupt Wasser. Ich freute mich ganz doll. Frieda hingegen war irgendwie genervt.

Und dann ging es los. Von Neustadt aus Richtung Plön und dann nach Kiel. Hinter Kiel ging es auf die A 210 und dann auf die A7 Richtung Flensburg zur dänischen Grenze. Später dann in Dänemark auf die 401 bis nach Römö.

Von all dem bekamen Frieda und ich nix mit, denn wir verschliefen alles. Nach gut drei Stunden waren wir da. Nachdem Herrchen uns eingecheckt hatte, ging die Suche nach unserem Stellplatz los. Es dauerte 'ne ganze Weile, bis wir ihn gefunden hatten. Frauchen ist dann mit uns los, die Gegend zu erkunden, während Herrchen Jule einrichtete. Es überwältigte uns eine Welle von Eindrücken und Gerüchen. Wir waren erst mal eingeschüchtert. Es roch ganz anders als zu Hause. Die Luft war salziger, der Wind war kräftiger. Dann waren überall auch andre Hunde, denn der Campingplatz war recht groß. Ich hatte Angst, mich zu verlaufen, bei dem Wind war es nicht einfach, Jule wiederzufinden. Hoffentlich weiß Frauchen, wo Jule steht. Und dann war da noch etwas anders, nämlich die vielen Menschen, die ganz anders sprachen als zu Hause. Auch die Schilder sahen ganz komisch aus. Es war jedenfalls voll spannend und aufregend. Uns wurde erklärt, dass wir hier in Dänemark auf der Insel Römö seien. Cool, ich war das erste Mal im Ausland. Boah, wie aufregend!

Nachdem Jule eingerichtet war, haben wir alle erst mal was gegessen, soweit das möglich war, denn ich hatte immer noch einen flauen Magen nach der Fahrerei. Das ist Gott sei Dank immer nur die ersten ein, zwei Tage so. Frieda hatte mal wieder Zickenalarm und wollte nix fressen. Weiß auch nicht, was sie immer hat. Frisch gestärkt ging es los. Wir wollten zum Strand. Von unserem Stellplatz aus ging es über eine Düne und dann immer dem Geruch des Wassers nach. Links von uns war eine Weide, die so groß war, dass man die Kühe darauf kaum erkennen konnte. Ich habe ja schon einige Wiesen gesehen, aber die hier war sehr groß. Dann kamen die Dünen, hier durften wir erst einmal eine Runde toben. Das war ein Spaß. So viel Sand und vor allem so viel Platz. Es dauerte nicht lange und wir beide fingen an zu »grinsen«, wie Herrchen und Frauchen immer dazu sagten, wenn wir genug getobt hatten und am Hecheln waren.

Und dann kam der Strand. Ich war sprachlos. Ey, Leute, das da war nicht irgendein Strand, das war auch kein großer Strand. Das war die Wüste. Es war mir nicht möglich, das Meer zu sehen. Ich konnte es riechen und hören, aber nicht sehen. Auf dem Strand standen Autos und rollende Häuser. Aber die waren so weit weg, dass sie ganz klein aussahen. Auch hier durften wir ohne Leine laufen. Frieda und ich rannten los. Frieda schlug Haken und ich immer hinterher. Wir rollten uns vergnügt im Sand. Nach einer Weile konnten wir nicht mehr. Hechelnd standen wir da und schauten uns um. Herrchen und Frauchen waren ganz klein, so weit weg waren sie. »Du, Frieda, das gibt Ärger, wir haben beim Toben mal wieder nicht gehört, als sie uns gerufen haben. Und dann noch dieser Wind.« Langsam kamen die beiden näher. Sie lachten und freuten sich, als sie bei uns waren. Frieda schaute mich groß an. Kein Ärger? Aber warum auch, es war ja kaum jemand in der Nähe. Also in zwei- bis dreihundert Metern Entfernung vielleicht. Wir waren schon einmal an so einem großen Strand gewesen, in Sankt Peter-Ording. Der war schon riesig. Aber das hier war gigantisch.

Ich war schon halb k. o., als wir endlich am Wasser ankamen. Voller Freude rannte ich los, um mich in die Wellen zu stürzen. Bäh! Was war das? Boah, war das gruselig. Das Wasser schmeckte ja überhaupt nicht. Das war total versalzen. Die Ostsee ist etwas salzig, aber das Wasser dort kann man zur Not noch schlabbern. Aber Nordseewasser geht gar nicht. Die Wellen sind hier viel heftiger als bei uns. Aber getobt wurde trotzdem. Wir hatten unseren Spaß. Selbst Frieda ging ins Wasser und das wollte schon was heißen. So gingen wir am Strand entlang. Alles hier nahm kein Ende. Wir mussten auch nicht dauernd an die Leine wegen anderer Hunde. Es waren zwar welche da, aber es gab so viel Platz.

So langsam hatte ich echt Bedenken, ob wir überhaupt wieder zurückfinden würden, denn den Campingplatz hatte ich schon lange nicht mehr gerochen. Nach einer Weile drehten wir dann um. Oh Mann, den ganzen Weg wieder zurück! Frieda und mir taten die Pfoten weh. Es ist ja schön, mit Herrchen und Frauchen zu laufen, aber sie überreiben es immer. Nach einer gefühlten Ewigkeit kamen wir wieder zu den Dünen. An dieser Stelle fuhren die ganzen Autos auf den Strand. Jetzt konnte ich auch den Campingplatz wieder riechen. Am Eingang gab es kleine Häuser mit Geschäften und Futterbuden für die Zweibeiner. Frieda und ich wollten nur schlafen, aber Herrchen und Frauchen gönnten sich noch ein Eis. Wir bekamen auch unseren Teil ab. Das war sehr lecker. Endlich ging es zurück zu Jule. Herrchen kochte was zu essen und wir schliefen erst mal 'ne Runde.

Später sind wir dann noch mal über den Campingplatz gelaufen und haben uns dort umgesehen. Drei »Servicehuse« gab es dort und die waren nicht klein. Hier gab es einfach alles, sogar ein Schwimmbad für die Zweibeiner. Also für die, denen es bis ans große Wasser zu weit war. Nach dem Spaziergang haben unsere beiden Wanderverrückten dann noch gesessen und den morgigen Tag geplant. Dann wurde endlich das Licht ausgemacht ...

Vorsichtig öffnete ich meine Augen. Ich traute mich kaum zu bewegen. Mir tat alles weh. Es macht ja Spaß, so viel zu laufen, aber gestern war es eindeutig zu viel. Alle anderen schliefen noch friedlich. Ich horchte auf die Geräusche, die von draußen hereinkamen. Irgendwo bellten freudig einige Hunde. Da ging es wohl auf Gassirunde mit ihren Besitzern. Ich mache heute keinen Schritt. Gassi gehen wird sich verkniffen oder ich gehe auf dieses komische Ding, auf das Herrchen und Frauchen gehen. Aber da komme ich ja auch nicht hin, ohne mich zu bewegen.

Ich schielte zu Frieda hinüber. Die bewegte sich überhaupt nicht. War die etwa tot? Das geht nicht, dann wäre ich ja alleine. Das würde ich nicht überleben, ohne Frieda wäre ich aufgeschmissen, denn sie ist doch die Schlauere von uns beiden. Ich konzentrierte mich und beobachtete sie ganz genau. Da, der Bauch bewegte sich ganz leicht. Puh, ich dachte schon ... Herrchen und Frauchen wiederum konnte man nicht überhören. Nach einer gefühlten Ewigkeit wurde der Rest auch wach. Nach ausgiebigem Strecken und Recken zogen sich die Zweibeiner an. Zur Gassirunde sollte es wieder zum Strand gehen. »Nur mal kurz schauen«, sagten die Zweibeiner. Das hört sich gut an, da kommen wir doch grad so noch mal mit.

Als wir vor Jule traten, blies der Wind schön heftig und trieb die Wolken vor sich her. Besonders warm war es nicht an diesem 4. Juni. Die Wolken hingen tief und es sah sehr nach Regen aus. Vom Campingplatz aus gingen wir durch die Dünen. Alles war auch hier riesig. Zu Hause gab es auch Dünen, aber die waren gegen diese hier winzig.

Frieda boxte mich plötzlich in die Seite und rannte wie irre davon. Was, tut der gar nichts weh? Ich traute mich kaum zu laufen. So trottete ich gemütlich hinter ihr her. Wie ein Blitz kam sie plötzlich auf mich zugeschossen. Rums – und ich rollte durch den Sand. »Hey, spinnst du, das tat weh!« »Stell dich nicht so an. Komm her und lass uns toben«, bellte Frieda fröhlich. Sie tanzte vor mir rum und animierte mich zum Spielen. Nach einer Weile tobten wir dann durch die Dünen. War das herrlich hier!

Dann waren wir endlich am Strand. Ich war jetzt schon fix und fertig, aber Frieda flippte völlig aus. Die rannte wie von der Tarantel gestochen über den riesigen Strand und freute sich wie Bolle. Grinsend kam sie wieder zu uns gelaufen. »Ist das toll hier«, freute sie sich. Auf dem Strand standen viele rollende Häuser und auch Autos. Die sahen aus wie Spielzeug. Etliche Menschen mit ihren Hunden waren auch schon auf dem Strand, aber noch so weit weg, dass wir keine Leine brauchten.

Heute gingen wir in die andere Richtung. Mitten auf dem Strand gab es eine kleinere Düne, dort ließen die Menschen so komische Dinger in die Luft steigen. Ich bekam mit, dass es Drachen waren. Es gab große und kleine davon. Einige wurden von Kindern gehalten und die großen von Erwachsenen gesteuert. Teilweise waren die sogar mit einer Leine im Sand verankert, da sie sonst weggeflogen wären. Wir fanden das spannend. Endlich waren wir am Wasser. Irgendwie war der Strand heute noch größer. Komisch, das Wasser war gestern doch nicht so weit weg gewesen. Herrchen erklärte uns, dass es jetzt Ebbe sei und das Wasser wäre grad abgelaufen. Hä, abgelaufen? Hat die Nordsee einen Stöpsel, so wie unser Planschbecken zu Hause? Ich stellte mir vor, wie der Riesenstöpsel wohl aussieht und wer ihn bedienen kann. Würden dort ganz viele Zweibeiner stehen und am Grund der Nordsee an ihm ziehen? Das mit der Ebbe und der Flut verstand ich nicht. Das hatte wohl auch noch mit dem Mond zu tun und das dauerte immer sechs Stunden. Das war mir zu hoch. Auch Frieda verstand das nicht so richtig und das will schon was heißen, denn die ist doch immer die Schlaue. Na egal, Hauptsache, das Wasser war überhaupt da. Also rein ins Vergnügen!

Frieda hatte inzwischen wieder ihren Spaß daran, nachdem sie neulich unfreiwillig baden gegangen war. Ich und Herrchen hatten uns kaputtgelacht. Bei einer Runde am Strand zu Hause war Frieda übermütig über eine Buhne gesprungen, auf der Herrchen stand und grad Fotos machte. Frieda hat ihn im Vorbeiflug noch freudig angeschaut – und dann kam das Wasser. Ein riesiger Platscher und Frieda war in der Ostsee. Es war recht tief dort. Und siehe da, sie konnte schwimmen. Hinterher war sie zwar sauer auf uns, weil wir gelacht hatten, aber seitdem geht sie immer öfter ins Wasser. Das fand ich nun nicht mehr so gut, denn wenn Frieda mich früher genervt hatte, bin ich immer ins Wasser abgehauen, da kam sie nicht hinterher.

Das ist nun vorbei, jetzt bin nicht mal mehr im Wasser sicher vor ihr.

Das Toben am Strand und im Wasser der Nordsee machte einen Riesenspaß. Selbst die anderen Hunde spielten mit uns. Da waren kleine, große, freche und eher schüchterne Hunde dabei. Herrchen und Frauchen gingen mit den Füßen ins Wasser. Die beiden laufen übrigens immer barfuß, so wie Frieda und ich. Zwischenzeitlich kam die Sonne raus, sodass es nicht mehr ganz so eklig im Wind war. Irgendwann drehten wir um, weil wir langsam Hunger hatten.

Ups! So weit waren wir schon wieder gelaufen. Das würde ja dauern, bis wir wieder bei Jule wären. Die kurze Runde vor dem Frühstück war dann mal wieder fast sechs Kilometer und drei Stunden lang geworden. Wie ich schon sagte, hier ist alles etwas größer als bei uns. Bei Jule angekommen, waren wir eigentlich schon wieder fix und fertig.

Auf dem Campingplatz gab es auch einen Supermarkt, wo Frauchen noch für das Frühstück einkaufte. Zum Draußensitzen war der Wind noch zu kalt, so frühstückten wir in der Jule. Nach dem Essen kuschelten Frieda und ich uns zusammen und schliefen zufrieden ein. Die beiden Laufverrückten ruhten sich auch aus ...

Ich fühlte mich so gut wie noch nie. Federleicht lief ich über den Strand mit einer Riesenmeute von Hunden. Wir spielten, sprangen übereinander hinweg, boxten uns und sprangen ins Wasser. Und da war sie, elegant und geschmeidig lief sie an der Brandung entlang. Ich war hin und weg. Was für ein Anblick! Diese Muskeln, dieses seidige Fell, die fliegenden Ohren. Ich gesellte mich zu der Beagle-Dame und wir tollten durch die Brandung. Es war herrlich, dieser Duft der Nordsee, diese salzige, frische Luft. Die Sonne schien, der Sand war weich und warm. Ihre braunen Augen sahen mich selig an und mein Herz hüpfte vor Freude. Sie duftete so herrlich herb und süß. Ich war auf Wolke sieben. Lotte hieß die Beagle-Dame. Ein Traum von einer Hündin. Ich hätte ihr den ganzen Tag beim Laufen zuschauen können. Ich rollte mich unterwürfig im Sand und Lotte kam zu mir und leckte verliebt meine Schnauze. Das kitzelte so schön. Ich liebte dieses Kitzeln, wie es kribbelte, ich grunzte zufrieden. Und wie es kribbelt ... und kribbelt – ich muss gleich niesen. Nein, das tue ich doch nicht, ich würde Lotte verschrecken. Ich genoss es, wie sie mich zärtlich schlabberte. Aber lange halte ich das nicht mehr aus ... »Hör nicht auf«, grunze ich verliebt und unterdrückte das Niesen. Doch dann brach es aus mir heraus. Ein heftiger Nieser entfuhr mir. Ich schlug erschrocken die Augen auf und sprang auf. So ein Mist! Lotte war weg. Ich hatte sie erschreckt. In Panik sah ich mich um. Hinter Herrchens Fahrersitz war sie nicht, hinter mir lag Frieda, da war Lotte auch nicht. Wo war sie nur? Moment mal! Wieso war Frieda hier, wieso war Herrchen hier und wo war der Strand? Und warum war ich im Wohnmobil? Nach ein paar Sekunden dämmerte es mir. Die Sonne, die durch die Frontscheibe von Jule schien, hatte mich in der Nase gekitzelt. Seufz ... ich hatte geträumt. Frauchens Hand streichelte mich. »Hasemann, alles gut«, säuselte sie mir ins Ohr. Schon fühlte ich mich besser.

Inzwischen hatte der Wind nachgelassen und die Sonne schien von einem fast blauen Himmel herab. Es war nicht mehr so eklig wie am Vormittag. Herrchen und Frauchen hatten wohl auch etwas geschlafen. Jetzt hatte Frauchen es sich auf der Bank bequem gemacht und strickte. Herrchen hatte aufgeschrieben, was wir schon alles erlebt hatten. Nachdem sich alle gestärkt hatten, ging es wieder zum Strand, der jetzt gut gefüllt war mit Wohnwagen und Wohnmobilen. Überall ließen die Zweibeiner wieder Drachen steigen. Das war vielleicht ein Spektakel. Es war einerseits viel los, aber dadurch, dass hier alles so weitläufig war, verlor sich alles auch wieder. Es war herrlich, der Wind, die Luft und der Geruch der Nordsee. Wie im Paradies. Wir liefen, natürlich ohne Leine, wie die meisten Hunde.

Wir beschlossen, auf dem Strand Richtung

Süden zu gehen, weg von dem ganzen Trubel. Da war es wieder herrlich. So ein riesiger Strand, so viel Platz zum Toben. Wir konnten nicht genug davon bekommen. Wir tobten so wild über den Strand, dass wir aufpassen mussten, Herrchen und Frauchen nicht zu verlieren, denn der Wind war zwar nicht mehr so eklig wie heute Morgen, aber noch kräftig genug, dass wir das Rufen unserer Zweibeiner kaum hören konnten ... oder wollten. Jedenfalls genossen wir unsere Freiheit sehr.

Ich bemerkte so ein komisches Schild, auf dem ein Hund mit Leine zu sehen war. Durften wir hier nur mit Leine laufen? Aber ich vertraute lieber Herrchen und Frauchen, die wussten schon, was richtig war. Die anderen Hunde am Strand hatten schließlich auch keine Leine. Irgendwann schaute ich in die Richtung, von wo wir gekommen waren. Oh Schreck! Ich sah die ganzen Autos und Drachen kaum noch. Alle waren ganz, ganz klein. Boah, waren wir weit gelaufen. Nach einer Weile drehten wir um. Jetzt kam der Wind direkt von vorne. Ich konnte nun den ganzen Trubel riechen, aber nicht sehen. Jedenfalls bekamen wir einen herrlich stinkenden Geruch in die Nase. Vorsichtig liefen Frieda und ich in die vorgegebene Richtung. Ich konnte zwar ganz schwach ein mir bekanntes Rufen hören, aber wir ignorierten es. Der Geruch war viel zu lecker, als sich jetzt noch auf das Hören zu konzentrieren. Frieda sprintete vor und ich hinterher. Nach einer kleinen Ewigkeit, ich konnte schon fast nicht mehr, kamen wir an der Geruchsquelle an. Etwas großes Schwarzes lag auf dem Strand. Ich konnte Blut und rohes Fleisch riechen und etwas, das uns sagte, dass das Etwas schon länger nicht mehr atmete. Wir untersuchten es. Ein Vogel war es nicht, denn es hatte keine Federn. Ein Fisch war es auch nicht, denn es hatte keine Fischhaut. Es roch zwar wie Fisch und hatte auch Flossen, doch es war aber sehr groß für einen Fisch. Wir umrundeten das Etwas und suchten nach seinem Kopf, um zu sehen, was es war. Doch da, wo der Kopf sein sollte, war nur eine große Wunde.

Inzwischen waren auch unsere Zweibeiner am Fundort angekommen. Herrchen sah wütend aus und schimpfte irgendwas. Aber der Wind pustete mir so in die Ohren, dass ich kaum was verstand. Herrchen kennt das auch, bei solchem Wind stellt er seine Ohren immer ab. Also nicht seine Ohren, aber die Geräte, die er in den Ohren hat. Ohne die hört er nix. Dann muss Frauchen ihn anschreien oder er sie richtig anschauen, damit er sieht, was sie sagt. Denn Herrchen kann von den Lippen lesen. Ich versuche das auch immer, aber außer dass sich die Lippen bewegen, kann ich da nix lesen. Liegt wahrscheinlich auch daran, dass ich ja überhaupt nicht lesen kann ... prust. Herrchen erklärte uns dann, dass es sich bei dem Ding, was wir gefunden hatten, um eine Robbe handelt. Die schien noch nicht lange hier zu liegen. Möglicherweise war sie bei Flut an den Strand gespült worden.

Nach einer Weile gingen wir weiter. So langsam kamen wir wieder zu dem Platz, wo die vielen Zweibeiner mit ihren Autos waren. Erst jetzt bemerkten Frieda und ich, dass wir völlig kaputt waren. Wir wollten nur zu Jule und schlafen. Dort angekommen, rollten wir uns nur in unsere Kissen und schliefen erschöpft ein. Herrchen und Frauchen saßen noch lange draußen, grillten und genossen das schöne Wetter. Es war schon dunkel, als die beiden reinkamen und auch ins Bett gingen. Ich glaube, sie waren auch fix und fertig. Ich bekam noch mit, dass sie wohl 28 000 Schritte gelaufen waren heute.

Plötzlich wurde ich von den beiden gedrückt und herzlich gestreichelt, denn ich hatte heute, am 4. Juni, Geburtstag. Jetzt war ich schon ein Jahr alt. Ehrlich, das war mir so egal, ich wollte nur noch pennen. So schlief ich angekuschelt an Frieda ein ...

Der Wind strich warm über mein Fell. Die Sonne kitzelte mir in der Nase. Der Sand war angenehm warm und weich. Alles fühlte sich wunderbar an. Ein Geruch von Salz und Wasser lag in der Luft. Ich öffnete etwas die Augen und sah verschlafen um mich. Ich sah über den Sand zum Meer und erkannte Lotte, meine Beagle-Freundin. Es sah so elegant aus, wie sie durch die Brandung lief. Ihre Ohren wehten im Wind und bei jedem ihrer Schritte spritzte Wasser und Sand hoch. Ihr Fell leuchtete in der Sonne seidig braun und weiß. Sie sah wie eine Göttin aus. Sie blickte zu mir herüber und warf mir verliebte Blicke zu. Dann blieb sie stehen, schaute mich schmachtend an und schüttelte ihr weiches Fell. Nun bewegte sie sich leicht und geschmeidig auf mich zu. Jeder Schritt erschütterte den Strand. Das Beben der Schritte wurde immer heftiger. Sie sah immer noch so geschmeidig aus und ihr Fell wehte im Wind. Mit jedem Schritt wurde das Beben heftiger. Sie schaute mich immer noch schmachtend an mit ihren braunen Augen. Wie ein Erdbeben näherte sie sich mir. Ich sabberte vor Erregung. Gleich würde sie bei mir sein. Freudig schaute ich sie an. –

Der Schlag in die Rippen traf mich völlig unvorbereitet. Ich japste nach Luft und sah Sterne. Als die Sterne verschwunden waren, öffnete ich die Augen.

Frieda tanze vor mir rum und stupste mich in die Rippen. Herrchen lag lachend im Bett. Wo war Lotte? Wo war der Strand? Wieso war ich im rollenden Haus? Nun dämmerte es mir, ich hatte mal wieder geträumt. Aber warum standen wir denn jetzt auf? Ich war doch grad erst eingeschlafen. Mir taten immer noch die Pfoten weh vom vielen Laufen. Langsam, aber ungern wurde ich wach.

»Los, steh auf, du Faulpelz!«, bellte mich Frieda an.

Ich grunzte ein »Warum?« zurück.

»Weil wir zum Strand wollen.«

»Oh nein, nicht schon wieder«, brummte ich lustlos.

Frieda stupste mich immer wieder, bis ich endlich aufstand. Ich reckte und streckte mich ausgiebig. Herrchen war schon nach draußen und baute Jule zusammen, während Frauchen drinnen alles fertig machte.

»Ich denke, wir wollen zum Strand.«

Frieda sah mich augenrollend an. »Ja, wollen wir auch, aber wir nehmen Jule mit«, verkündete sie fröhlich.

Äh ... das verstand ich grad nicht. Jule mit zum Strand nehmen? »Ziehen wir die dann hinter uns her oder was?«

Frieda rollte noch mehr mit den Augen. »Wir fahren natürlich mit Jule dahin, du Dummerchen.«

Ich verstand nur Bahnhof. Aber egal, wie oder was, Hauptsache, ich musste nicht laufen. Heute würde ich nur chillen. Ich würde mich kein Stück bewegen.

Als Herrchen und Frauchen fertig waren, fuhren wir vom Campingplatz und bogen an der Ampel in Richtung Strand ab. Nach gut 300 Metern war die Straße zu Ende und wir fuhren auf dem Strand weiter. Frauchen war ganz aufgeregt und hatte Angst, dass Herrchen sich festfahren könnte. Aber ganz cool fuhr Herrchen Jule über den Strand. Nach einigen Runden über den fast leeren Strand stellten wir abseits an den Dünen Jule als Windschutz auf. So war es sehr angenehm, in der Sonne zu sitzen oder zu liegen. Nach und nach kamen noch mehr rollende Häuser und parkten rechts und links neben uns. Herrchen und Frauchen stellten Tisch und Stühle auf.

»Heute wird nur gechillt«, verkündete Herrchen und setzte sich mit einem Kaffee in seinen Stuhl. Wir bekamen unsere ganz langen Leinen angelegt, so konnten wir laufen, aber eben nicht weglaufen. Noch ein paar andere Hunde waren mit angekommen, mit denen konnten wir etwas toben. Aber keiner hatte große Lust dazu, wir lagen mehr faul im Sand rum. Es war so herrlich.

So konnte ich beobachten, wie die Zweibeiner wieder die großen Drachen steigen ließen. Das sah spektakulär aus. Und tatsächlich machten

Herrchen und Frauchen heute absolut nix außer Lesen, Schlafen, in der Sonne sitzen und faul sein. Später sind wir dann doch noch mal gelaufen, aber nur zu den Drachen. Das war beeindruckend. Die Dinger waren so riesig, einige waren größer als Jule. Wir machten große Augen bei dem Anblick.

Das war ein ganz toller Tag. Am Meer sein und nix tun, einfach nur faul sein. Irgendwann am Nachmittag packten wir zusammen. Das Wochenende war vorbei. Der Miniurlaub ging zu Ende. Die Rückfahrt nach Neustadt verschliefen wir beseelt. Es ist schön, mit Jule unterwegs zu sein, aber es ist auch schön, wieder nach Hause zu kommen.

Nach dem Urlaub ist vor dem Urlaub

Zwei Tage haben meine zarten Pfoten gebraucht, um sich von den Strapazen des Mini-urlaubs einigermaßen zu regenerieren. Und dann dieser Sonnenbrand auf meinem Haupt. Fürchterlich, dieses ungebührliche Verhalten meines Personals. Schrecklich, dieses ständige Laufen, dann dieser viele Sand. Und dann noch diese ungehobelte Bollerkopp. Ich kann mich da überhaupt nicht entspannen. Und dieses Futter – grausam. Das Personal vergisst, mit wem sie es hier zu tun haben, schließlich bin ich von adeliger Geburt. Mein Name ist Nova Frieda von Newfirecastle Bulls aus dem schönen Werder in Mecklenburg-Vorpommern. In meinem Ahnenpass steht sogar, dass mein Großvater ein Champion war. Ich entstamme einem stolzen Bully-Geschlecht und so hat man mich bitte auch zu behandeln. Aber heutzutage gutes Personal zu finden ist schwierig. Im Allgemeinen kann ich mich ja nicht beschweren, aber diese übertriebene Lauferei – unmöglich. Das ist nicht standesgemäß. Ich tobe ja mal gerne und wenn ich möchte, laufe ich auch eine Weile, aber mein Personal übertreibt das bisweilen sehr. Dafür bekomme ich aber auch sehr viel Aufmerksamkeit und man geht sehr auf meine Bedürfnisse ein. Ich brauche meinen Schönheitsschlaf, ich bekomme auch nur das beste Futter. Und wenn mir kalt ist, werde ich standesgemäß gewärmt. Ist mir langweilig, habe ich den Bollerkopp, mit dem ich spielen kann. Der ist auch mein Sparringspartner, an ihm erprobe ich meine Kampftechniken. Ab und zu darf er auch mit mir kuscheln. Aber ich muss ihm leider viel zu oft zeigen, dass ich der Chef bin. Ich bin schließlich eine Prinzessin. So werde ich von meinem Personal auch genannt. Und der Bollerkopp ist ja nur ein gewöhnlicher Bully von niederer Herkunft. Aber er sieht umwerfend aus. Sein seidiges Fell, diese schwarze Maske im Gesicht. Dieser treudoofe Blick, der lässt jeden dahinschmelzen. Ganz unter uns, ich hab ihn schon sehr gerne, aber das darf ich ihm nicht so zeigen, schließlich bin ich adelig. Wenn ich draußen meine Ländereien besichtige, ist der Bollerkopp mein Bodyguard. Er passt sehr auf mich auf. Er kontrolliert, ob jemand mir was Böses will. Und wenn ich mal toben möchte, muss er mitmachen, ob es ihm passt oder nicht. Wenn wir auf andere Hunde treffen, sorgt er dafür, dass sie mir nicht zu nahe kommen. Leider vergisst er bei den Hundemädels öfters seine Aufgabe. Dann muss ich ihn daran erinnern, dass er mein Bodyguard ist. Odin, mein Bodyguard, Spielkamerad und lieb gewonnener Mitbewohner. Ohne ihn wäre es bestimmt entspannter, aber auch um einiges langweiliger. Odin ist bisweilen etwas schwerfällig und versteht nicht, was man von ihm möchte. Ach ja, und verfressen ist er auch. Dann nimmt er keine Rücksicht auf mein Futter. Das ist dann schon sehr ärgerlich. Der Butler behauptet, da sei ich selber dran schuld – pah, das ist ja wohl die Höhe! Der Butler möge seine Arbeit vernünftig wahrnehmen und standesgemäß das Futter servieren, dann hätte ich auch kein Problem damit. Der Bollerkopp futtert ja auch alles, ohne nachzudenken. Der kennt das Wort »genießen« eben nicht. Ich hingegen genieße eben. Und das Futter muss auch von edler Qualität sein. Ferner möchte ich mein Futter wohl temperiert haben, schließlich habe ich einen feinen Magen, weswegen ich auch nicht alles esse. In letzter Zeit habe ich mich sehr beschwert über das Futter. Das war unter meiner Würde. Ab und zu mag ich das Futter so gar nicht, dann lasse ich es stehen. Odin futtert immer öfter meines mit. Dementsprechend sieht er auch aus. Daher wurde er auf Diät gesetzt. Da tat er mir schon leid, denn ihm knurrte ordentlich der Magen.

Aber uns beiden rumpelt seit einiger Zeit eher der Bauch, was das Personal dann auch zu riechen bekam. Wir futterten zwar gut, aber irgendwie nahm ich nicht zu. Mir war das ganz recht, ich passe eben auf mein Gewicht auf. Aber Odin hatte ganz schön abgenommen, deswegen wurde seine Diät abgebrochen. An einem Tag hatte er dann Blut im Haufen. Wir hatten schon seit geraumer Zeit beide Durchfall gehabt. Deswegen ging es zum Arzt. Ich fühle mich beim Tierarzt nicht wohl, da wird man so befummelt, furchtbar. Und die Ärztin hat immer so kalte Hände. Außerdem bekommt man so was in den Hintern gesteckt. Wie unangenehm. Das ist überhaupt nicht prinzessinnenlike. Wir wurden untersucht und die Ärztin erklärt dem Butler, was mit uns sei, und ich hörte genau zu. Wir hatten Giardien. Das sind irgendwelche Parasiten im Darm. Wir bekamen Tabletten und ein spezielles Futter.

Zu Hause gab es dann erst mal das komische Futter. Das war aus der Dose. Na ja, man konnte es grad so zu sich nehmen. Wohlschmeckend ist anders.

Odin frisst ja alles, ohne nachzudenken. Dem ist egal, ob es schmeckt. Jedenfalls hörte das Bauchrumpeln auf. Die nächsten Tage vergingen ohne weitere Besonderheiten.

Mein Personal, oder wie Odin sagt: Herrchen und Frauchen, hatte viel zu tun. Selbst Herrchen war viel aus dem Haus. Mittag war er dann meistens wieder da. Das ist auch gut so, denn ohne mein Kuschelkissen kann ich nicht richtig Mittagsschlaf halten. Das Kuschelkissen ist Herrchen und ich liege auf seinen Beinen. Das ist superbequem. Dort könnte ich den ganzen Tag schlafen. Odin kuschelt sich auch an Herrchen, er darf aber nur an seine Seite, die Beine sind mein Platz. In den letzten Tagen vernahmen meine feinen Ohren immer wieder die Worte »Jule« und »Urlaub«. Das Personal machte also Urlaubspläne. Herrchen schrieb eine Checkliste, auf der stand, was alles noch zu erledigen sei. Die Liste war sehr lang. Sie lag auf dem Wohnzimmertisch und ich beobachtete, wie immer mehr von dem, was darauf stand, abgehakt wurde. Das erhöhte natürlich unsere Vorfreude.

Aber es gab da wohl ein Problem: unser Futter. Normalerweise werden wir gebarft. Wir bekommen also richtig tolles Futter, das Herrchen direkt beim Schlachter kauft. Aber Jule hat nur einen kleinen Gefrierschrank, in den unser gesamtes Futter für die Reise nicht reinpasst. So wurden wir zu Testkaninchen und es wurde anderes Futter ausprobiert. Aber ich kann euch sagen, das war eine Qual für meinen zarten Gaumen. Denn Dosenfutter ist nicht gleich Dosenfutter. Odin war das egal, der frisst alles. Aber das sei ihm verziehen. Auch wenn er von niede-

rem Stand ist, so darf er trotzdem mein Futter-
becken leeren, wenn ich den Inhalt nicht mag.
Nach einer Weile fanden wir dann Futter, das ich
einigermaßen mochte und das sich gut in Jule
transportieren ließ. Wir brauchten viel davon,
denn es sollte diesmal eine längere Reise werden
als sonst. Und es ging wieder einmal ins Ausland. Herrchen lernte schon fleißig eine neue
Sprache. Wir verstanden kein Wort von dem,
was er da sprach.

Abends auf dem Sofa sprach das Personal viel
über den Urlaub. Ich lag bei Herrchen auf den
Beinen und tat so, als würde ich schlafen. Dabei
hörte ich ganz genau zu, was erzählt wurde.
Auch wenn Odin laut schnarchte, verstand ich
fast alles. Drei Wochen wollten wir unterwegs
sein. Mit dem Schiff sollten wir auch fahren.
Das hörte sich spannend an. So große Schiffe
sehen wir ab und zu vom Strand aus. Es sollte
ins Land der Wikinger gehen. Herrchen findet
die Wikinger toll, aber ich habe keine Ahnung,
wer oder was das ist. Freunde von Herrchen, die
er schon sehr lange nicht gesehen hatte, wollten
wir auch besuchen. Was mir aber sehr gut ge-
fiel, war, dass es in dem Land eine Königsfamilie
gab. Eine Königin Silvia und einen König Carl
Gustaf. Es ist für mich sehr angemessen, in so
einem Land zu reisen. Ich hoffe, dass ich eine
Audienz bei dem Königspaar bekomme. Das ist

schließlich selbstverständlich für mich als Adlige. Nun denn. Aber vorher mussten wir noch zum Arzt und bekamen eine Impfung, damit wir überhaupt nach Schweden fahren konnten. Das Personal wurde immer aufgeregter und das konnte nur heißen, dass es bald losging. Vor der Reise sollte noch ein Familientreffen bei Berlin stattfinden. Von da aus würde es dann losgehen.

Vi Traveilng till Sverige

Jule war vorbereitet und vollgetankt und wir saßen auf unseren Plätzen. Ich vorne bei Frauchen und Odin zwischen ihnen. Die Sonne schien und es war angenehm warm. So rumpelten wir los in Richtung Autobahn. Die nächsten Stunden verschliefen wir, wie immer. Herrchen hat uns später erzählt, wo wir langgefahren sind: über die A1, die A20 und die A24 und dann noch ganz viel Bundesstraße bis nach Quappendorf. Quappendorf ist ein kleiner Ort in der Nähe von Neuhardenberg in Brandenburg. Unser Ziel war die alte Kanustation zur Alten Oder. Wir hatten bei unserer Fahrt etwas Pech, wir standen im Stau und benötigten daher fast sieben Stunden. Herrchen und Frauchen waren ganz schön erledigt. Nur wir waren ausgeschlafen und fit.

Auf der Wiese vor der Kanustation standen schon einige rollende Häuser, auch ein altes namens Tuk-Tuk war dabei. Es war recht warm und die Sonne schien. Und es war still. Natur pur. Odin, die Wasserratte, musste natürlich gleich mal ans Wasser. Alle Leute hier kannten Herrchen und Frauchen. Mit einem Riesenhallo wurden wir begrüßt. Odin und ich begrüßten auch alle und jeder wollte uns kraulen. Das war großartig. Bei so viel Trubel verlor ich die Contenance und benahm mich nun nicht mehr damenhaft. Odin lachte mich aus und meinte: »Willkommen im Urlaub.«

Herrchen stellte Jule auf und Frauchen zeigte uns ihre Familie. Da waren Oma, Opa, Onkel und Tanten sowie einige Menschen, die wir nicht kannten. Aber alle freuten sich. Es war traumhaft, wir konnten sogar ohne Leine laufen. Das ganze Hallo-Sagen und alles Beschnuppern war ganz schön anstrengend. Als die Familie sich zum Essen hinsetzte, bekamen auch wir unser Futter. Anschließend saßen alle noch zusammen und redeten bis tief in die Nacht. Wir suchten uns einen schönen Platz bei Herrchen und Frauchen und schliefen erschöpft ein.

Irgendwann in der Nacht gingen wir zurück zu Jule. Herrchen und Frauchen legten sich gleich hin, ich machte es mir in Herrchens Kniekehle bequem und Odin kuschelte sich an mich. So endete unser erster Urlaubstag.

Vogelgezwitscher weckte mich. Ich bewegte mich nicht und horchte. Irgendwo da draußen rief ein Habicht und etliche Vögel zwitscherten fröhlich. Leise strich der Wind durch die Bäume. Odin nuckelte verträumt an der Decke und Herrchen und Frauchen schliefen friedlich. Ich wollte ja eigentlich auch noch etwas schlafen, aber ich musste nach draußen für kleine Damen. Vorsichtig fiepte ich, damit Frauchen mich hörte. Herrchen ist taub, der hört nur was mit seinen elektronischen Ohren. Frauchen stand auf, zog sich schnell an und hob Odin und mich vom Bett hoch. Odin war noch voll verpennt. Dann ging es nach draußen. Die Sonne war schon warm und ein leichter Dunst lag über der Wiese. Das Gras war feucht vom Morgentau. In der Nacht war noch ein rollendes Haus angekommen. Ich lief erst mal über die Wiese, um mir einen geeigneten Platz zu suchen, und Odin trottete gemütlich hinter mir her. Anschließend untersuchten wir das neu angekommene rollende Haus. Irgendwie roch es nach Seeluft, fast wie zu Hause. Jule hatte auch so einen vertrauten Geruch. Wie konnte das sein? Kam dieses rollende Haus auch aus Neustadt? Plötzlich tat sich was in dem rollenden Haus. Meine Nackenhaare stellten sich auf und ich bereitete mich auf alles Mögliche vor. Bullies haben keine Angst, vor fast nichts. Odin kam auch langsam an und baute sich groß vor dem rollenden Haus auf. Plötzlich ging die Tür auf. Odin gab ein tiefes Knurren von sich und bellte laut. Da standen die Tochter von Frauchen und ihr Freund. Jetzt war mir klar, warum das rollende Haus so einen bekannten Geruch hatte. Wir sprangen freudig auf sie zu und begrüßten die beiden ausgiebig. Auch wir wurden freundlich begrüßt. Jetzt war die Wiese voll mit Leuten, aus allen Ecken kam wer an und sagte hallo. Die beiden waren in der Nacht angekommen. Nach dem großen Hallo trotteten alle zurück zu ihren rollenden Häusern. Es war ja noch recht früh und alle wollten bestimmt noch etwas schlafen. Odin und ich auf alle Fälle, denn wir waren noch müde. Zurück in Jule, kuschelten wir uns in unsere Kissen und schliefen sofort ein.

Der Geruch von Kaffee und Käse zog durch die Luft, mir lief das Wasser im Maul zusammen. Herrchen und Frauchen waren wach und saßen draußen vor Jule in der Sonne und frühstückten. Odin lag in der Sonne und schlief. So war es standesgemäß, die Bediensteten hatten mir schon das Frühstück zubereitet und mein Lager gerichtet. Ich reckte mich. Stolz schritt ich die Treppe nach draußen. Mit einem leichten Kopfnicken zeigte ich mich zufrieden mit dem für mich angerichteten Ambiente. Odin öffnete ein Auge und schaute mich verschlafen an. Missbilligend schüttelte er etwas den Kopf und brummte: »Du übertreibst mal wieder.« »Oh, Prinzessin ist auch erwacht«, begrüßte mich Frauchen. Wenigstens das Personal wusste mich richtig zu empfangen. Nach dem Frühstück trafen wir die anderen in der nahe gelegenen Grillhütte. Es roch nach Rauch, Wasser und anderen Getränken und war schon ordentlich warm. Odin und ich gingen zu jedem und ließen uns streicheln. Oh, das war toll. So viel Aufmerksamkeit.

Bei der Grillhütte war ein kleiner Anleger, von dem man gut auf die Alte Oder sehen konnte. Weiter hinten war die Einlassstelle für die Kanus, von der aus man die Alte Oder hinauf- oder hinabfahren konnte. Herrchen hatte auch ein Kanu gekauft. Hier und heute wollte er die Jungfernfahrt machen. Alle standen am Anleger und schauten zu, wie er lospaddelte. Das sah richtig gut aus. Ein paar aus der Familie machten es Herrchen nach, während Frauchen sich mit Oma, Opa und Odin unterhielt und ich in der Mittagshitze unter einer großen Weide, die bei der Grillhütte stand, döste.

Am Nachmittag kamen noch mehr Leute, die zur Familie gehörten. »Noch mehr Kraulopfer«, grunzte Odin fröhlich. Und schon stürzten wir uns ins Vergnügen. Jetzt waren auch Kinder dabei, die freiwillig mit uns spielten. Eines der Kinder war besonders, das spürte ich sofort. Die Mama des Kindes war auch da. Wir näherten uns vorsichtig dem Kind und beschnupperten es behutsam. Die Mama ermutigte ihre Tochter, uns zu streicheln. Ich hielt ganz still und wurde ganz vorsichtig gestreichelt. Ich konnte ihre Angst und Unsicherheit spüren. Ich leckte das Mädchen an der Hand, um ihr zu zeigen, dass sie keine Angst vor mir haben muss. Nach einiger Zeit entspannte sie sich. Odin gab ich zu verstehen, dass er mit den anderen Kindern spielen solle, denn er war zu bollerig. Das meint er ja nicht böse, er ist nun mal unser lieber Pannebär. Den Rest des Nachmittags habe ich mich dann immer wieder um das Mädchen gekümmert. Frauchen und Herrchen waren ganz gerührt von meinem Verhalten. Odin hatte seinen Spaß mit den anderen Kindern. Am Abend wurden wir zu Jule gebracht, um was zu fressen und uns mal etwas Ruhe zu gönnen. Erst jetzt merkten wir, wie anstrengend der Tag für uns gewesen war.

Der Pannetag

Am nächsten Morgen schliefen wir alle länger. Geweckt wurden wir durch das Rufen eines Milans, der seine Kreise über uns zog. Die Sonne stand schon recht hoch am Himmel und es war bereits ordentlich warm. Nachdem die müden Knochen gestreckt worden waren, standen wir langsam auf. Um uns herum war außer dem Wind und den Vögeln nichts weiter zu hören. Der Geruch von Wasser, Sommerblumen und Bäumen lag in der Luft. Die Alte Oder floss langsam dahin. So viel Ruhe kannten wir nicht. Kein Auto, Hubschrauber, kein Tatütata war zu hören. Es war ungewohnt, aber schön.

Wir traten nach draußen und die Sonne hatte schon viel Energie. Langsam streiften Odin und ich über die Wiese des Stellplatzes, immer mit der Nase am Boden. Es roch alles sehr ungewohnt und interessant. Am Ende der Wiese war das Gras nicht gemäht und stand deshalb hoch. Hier verschwand ich, um mein Geschäft zu machen, muss ja nicht jeder gleich mitkriegen. Odin hingegen war da weniger scheu, der setzte sich mitten auf die Wiese. Herrchen kam dann auch gleich, um den Haufen wegzumachen. Völlig verträumt schnupperte Odin weiter. Langsam lief er auf die Alte Oder zu. Ich stand noch halb im hohen Gras und beobachtete die Umgebung. Herrchen und Frauchen standen auf der Wiese und schauten dem Milan zu, der immer noch seine Runden drehte. Plötzlich war ein lautes Platschen zu hören. Wir schauten gleichzeitig in die Richtung, aus der es kam. Odin war in die Oder gefallen. Der Träumer hatte nicht mitbekommen, dass er zu dicht am Ufer war. Er war einen halben Meter tief ins flache Wasser der Oder hinuntergefallen. Jetzt kam er aber nicht mehr die Böschung rauf. Ich lief schnell zu meinem Odin. Er strampelte hilflos und versuchte hochzukommen. Das sah so komisch aus, dass ich mir ein Grinsen nicht verkneifen konnte. Herrchen kam auch angelaufen und musste ebenfalls lachen. Schnell hob er Odin die Böschung herauf. Der stand nun unglücklich auf der Wiese. Ihm war das Ganze sichtlich unangenehm. »Hört auf zu lachen«, grunzte er traurig. Ich lief zu ihm und leckte ihm die Ohren. Auch wenn es lustig war, war ich froh, dass er heile war. Noch eine Weile schmunzelte wir über seine Tollpatschigkeit. Die Sonne trocknete ihn dann aber recht schnell und so war dieser Vorfall bald Geschichte.

Wir bekamen unser Frühstück. Herrchen und Frauchen tranken ihren Kaffee und genossen die

Sonne vor Jule. Schon bald waren die Kinder wieder da und wollten mit uns spielen. Auch Leonie kam mit ihrer Mama zu uns. Ich freute mich und merkte, dass Leonie jetzt weniger ängstlich war als gestern. Odin hatte an der Mama von Leonie einen Narren gefressen. Immer wenn es ging, musste er ihr die Ohren schlabbern, was der Mama gut gefiel. Sie mochte Odin auch sehr. Leonie fragte, ob sie mit mir Gassi gehen dürfe. Herrchen und Frauchen erlaubten es. Ich war froh, mit Leonie und ihrer Mama gehen zu können. Odin spielte mit den anderen Kindern auf der Wiese, während ich die Zeit mit Leonie genoss. Wir spazierten durch das kleine Dorf, dessen kleine Häuser sich in die Landschaft duckten. Alles sah ganz verträumt aus. Hinter dem Dorf überquerten wir eine alte Brücke und konnten von dieser aus auf die Alte Oder sehen. Es war herrlich ruhig hier. Die Oder plätscherte leise unter uns und eine leichte Brise wehte uns ins Gesicht. Die Bäume spendeten kühlen Schatten, denn inzwischen stand die Sonne hoch und es wurde heiß. Ich spürte, wie sich Leonie mehr und mehr entspannte. Sie strahlte über das ganze Gesicht. Und die Mama schaute Leonie stolz an.

Als wir später zum Stellplatz zurückkamen, tummelten sich alle schon an der Grillhütte. Es wurde laut geredet und gelacht. Ich wäre jetzt doch lieber im ruhigen Wald mit Leonie gewesen. Odin lag abgekämpft bei Herrchen im Schatten, während Frauchen zusammen mit anderen um eine große Platte herumlief und mit einem kleinen Brett in der Hand auf einen kleinen Ball einschlug, der über die Platte huschte. Alle schienen viel Spaß zu haben, denn sie lachten viel. Ich kuschelte mich zu Odin in den Schatten. Odin erklärte mir, dass Frauchen Chinesisch-Tischtennis spiele. Wir beobachteten das Ganze von unserem Platz aus. Ich wollte verstehen, was so großartig an diesem Spiel war. Frauchen war voller Energie und ganz verbissen dabei. Wenn ich einen Ball hatte, gab ich den nur ungern wieder her oder holte ihn mir von Odin mit Gewalt zurück. Das machte Spaß. Aber so um eine Platte herumlaufen und jeder kloppt diesen Ball über die Platte, sodass man ihn ganz schwer bekommt, das finde ich jetzt nicht so spannend. Aber als ich das Ganze länger beobachtete, fand ich heraus, dass es wie eine Jagd war. Denn der, der als Letzter überblieb, gewann wohl den Ball. Frauchen machte das ganz gut, wie sie mit dem roten T-Shirt und der blauen Flatterhose um die Platte wirbelte, dabei immer den Ball im Blick, immer darauf bedacht, mit dem nächsten Schlag den nächsten Spieler aus dem Spiel zu schießen. Ich konnte das Adrenalin in ihren Adern riechen. Auch ihr donnerndes Herz konnte ich spüren.

75

Dynamisch flogen ihre blanken Füße über den Kies. Ich sah, wie der Ball auf die andere Seite der Platte gespielt wurde und Frauchen sich gaaaaanz lang machen musste, um ihn zu kriegen. Dann bemerkte ich, dass sie die Ecke der Platte streifte. Das brachte Frauchen aus der Balance. Sie strauchelte und stürzte vornüber auf den Kies. Mit dem Knie voran knallte sie auf den Boden, rollte über die Seite ab und blieb liegen. Ein dumpfes Stöhnen entfuhr ihr. Ich stürzte los, denn ich wusste, das hatte weh getan. Die anderen schauten erschrocken zu Frauchen. Ich schnupperte an ihr. Sie lebte, das war schon mal gut, aber ich roch auch Blut. Ich leckte Frauchen über das verstaubte und verschwitzte Gesicht. Herrchen kam auch schnell zu ihr. Vorsichtig half er ihr beim Aufstehen. Frauchen stöhnte schmerzerfüllt und Herrchen führte sie erst mal zu einer Bank im Schatten.

Erst jetzt sah ich, wie doll Frauchen verletzt war, an den Händen, dem Knie, dem Fuß, und sie hatte eine Schramme am Kopf. Das sah schon schlimm aus. Schnell wurde ein Verbandskasten geholt und Herrchen säuberte die Wunden und verband Frauchen fachmännisch. Er machte das offensichtlich nicht zum ersten Mal. Frauchens Sohn hatte gleich ein nasses Tuch geholt, damit das Knie gekühlt werden konnte. Das wars dann wohl für heute mit Spielen. Odin und ich begutachteten Frauchen ganz genau und leckten sie ausgiebig. Gott sei Dank war nichts Schlimmeres passiert.

Nachdem der erste Schock verflogen war, wurde herzlich über den Sturz gelacht. Alle setzten sich in den Schatten und es wurde Kaffee und Kuchen auf den Tisch gestellt. Alle langten herzlich zu. Nach dem Kaffee humpelten Frauchen und wir zu Jule. Wir ruhten uns erst mal aus. Der Tag war bis jetzt ganz schön anstrengend gewesen. Herrchen saß auf dem Fahrersitz und schrieb und Frauchen hatte sich ins Bett gelegt. Die Tablette schien zu wirken. Herrchen meinte, sie würde erst morgen richtig merken, was ihr alles weh tue. Jetzt, da ich und Odin wieder fit waren, wollten wir raus und toben. Die Tür von Jule stand offen. Wir hätten eigentlich rausgehen können, aber wir trauten uns nicht, denn das könnte Ärger geben. So fing ich an zu wimmern. Ganz leise, um Frauchen nicht aufzuwecken. So ein Mist, das hörte der Taube ja nicht. Also etwas lauter. Keine Reaktion. Noch etwas lauter. Hatte der etwa seine Ohren nicht an, dann konnte ich lange wimmern. Oder hörte er wieder diesen schrecklichen Lärm, den er Musik nennt? Ich versuchte es noch einmal.

»Schatz, sie jammert, was will sie?«, rief Frauchen verschlafen.

Herrchen schaute auf und drückte auf sein

Handy. »Was sagst du?«, murmelte er, ohne den Blick vom Bildschirm zu heben.

»Frieda jammert«, brummte Frauchen müde zurück.

Herrchen blickte zu mir. Ich sah ihn flehend an. Er klappte den Bildschirm zu. Leise gingen wir raus, um dort zu toben. Frauchen schlief weiter. Ich boxte Odin in die Rippen, schnappte nach seinem Ohr und schon war die schönste Tollerei im Gange. Hier vergaß ich meine Herkunft. Wir schossen über die Wiese vor Jule und jagten uns, fielen übereinander her. Der eine schnappte nach dem anderen. Jeder versuchte den anderen auf den Rücken zu drehen.

Herrchen rief uns zu sich und ging in Richtung Grillhütte zu den anderen. Die saßen vor der Hütte in der Sonne und redeten. Während Odin und ich weitertobten, setzte sich Herrchen zu Opa und unterhielt sich mit ihm. Ich sah das aus dem Augenwinkel. Odin kam auf mich zugestürzt und packte mich am Nacken. Mit einem kräftigen Ruck wirbelte er mich herum. Ich landete etwas unsanft auf der Seite. Odin stand schon wieder über mir und wollte nach meinem Bein schnappen. Ich hingegen versuchte, gleich wieder aufzustehen. Da durchzuckte mich ein stechender Schmerz. Ich schrie auf. Odin wich erschrocken zur Seite. Ich schüttelte mich und fühlte, wo es weh tat. Diese verdammte rechte

Vorderpfote. Vor ein paar Wochen hatte ich sie mir schon mal verletzt, beim Spielen mit den Kumpels am Strand. Dabei hatte ich die Wolfskralle verloren. Das hatte höllisch weh getan. Ein paar Tage lang war ich vorsichtig gelaufen und hatte mit Odin nicht getobt. Jetzt war die Wunde wieder aufgerissen und blutete stark. Herrchen kam zu mir und schaute sich das an. »Ihr Mädels könnt auch nicht mal vorsichtig machen«, lachte er. Da von Frauchens Sturz vom Vormittag noch der Verbandskasten in der Grillhütte lag, wurde ich gleich verarztet und bekam einen Verband um die Pfote. Odin sah mich traurig an und leckte mir die Ohren als Entschuldigung, obwohl er ja gar nichts dafür konnte, er hatte es ja nicht mit Absicht gemacht. Aber Odin litt immer mit, da er sehr harmoniebedürftig ist.

Ich legte mich in den Schatten und ruhte mich aus. Odin lag neben mir und tröstete mich. Der Nachmittag verging wie im Flug. Später am Abend wurde Lagerfeuer gemacht und alle versammelten sich darum. Es wurde viel erzählt und gelacht, und viel getrunken, was alle noch lustiger machte. Wir lagen bei Herrchen und Frauchen und genossen die Wärme des Feuers. Irgendwann sind wir dann ins Bett gegangen.

Der Morgen begann mit einem gemeinsamen Frühstück. Alle saßen in und vor der Grillhütte. Es roch nach Kaffee, Eier, Brot, nach allem, was auf dem Tisch stand. Das ist dann schon fies für uns Hunde. Wir passten auf, ob was herunterfiel. Eigentlich durften wir ja nix vom Tisch, aber ab und zu bekommen wir doch mal die eine oder andere Leckerei.

Nach dem Frühstück wurde alles zusammengeräumt und es begann das Abschiednehmen. Den ganzen Morgen über war ich bei Leonie gewesen. Wir taten uns gut. Aber nun mussten wir uns trennen. Ich würde Leonie vermissen. Ich drückte meine Schnauze tief in ihr Kleid.

Nach und nach fuhren alle wieder nach Hause und am Abend standen nur noch wir auf der Wiese. Jetzt war es ruhig. Das tat unseren Ohren gut nach dem ganzen Trubel der letzten Tage. Odin und ich lagen vor Jule und genossen die noch warme Abendsonne. Herrchen und Frauchen genossen ebenfalls den schönen Abend.

Nach einer ruhigen Nacht wurden wir von einem ungewöhnlichen Geräusch geweckt. Irgendwas knatterte da draußen auf dem Wasser. Es hörte sich an, als würde etwas hin und her fahren. Neugierig standen wir auf. Draußen schien die Sonne schon kräftig. Wir stürzten auf die Wiese in Richtung Wasser. Auf der Alten Oder fuhren kleine Boote. Irgendwas klapperte im Wasser und schnitt das Gras ab, das auf dem Wasser schwamm. Herrchen sagte, das müssten sie tun, damit die Kanus fahren können und nicht im Gras stecken bleiben. Das sah interessant aus. Wir schauten vom Ufer aus weiter dem Treiben zu.

In der Zwischenzeit hatte Herrchen Frühstück gemacht. Gemütlich saßen wir vor Jule und aßen in aller Seelenruhe. Es war herrlich. Nach dem ausgiebigen Frühstück drehten wir mit Frauchen eine Gassirunde durch Quappendorf. Herrchen machte währenddessen Jule reisefertig. Gegen Mittag sollte es weitergehen. Wir wollten nach Rostock, wieder ans Meer, und von da aus nach Schweden. Wie ich Herrchen verstand, wollten wir von Rostock aus mit einer Fähre nach Schweden fahren. Ab und zu sahen wir zu Hause solche Fähren, wenn sie von Travemünde in die Ostsee fuhren. Aber die waren so weit weg, dass wir uns ihre Größe nicht wirklich vorstellen konnten.

Die drei Stunden Fahrt auf der Autobahn nach Rostock verschliefen Odin und ich wieder. Am späten Nachmittag kamen wir auf dem kleinen Stellplatz in Alt Sievershagen an, der schön im Grünen neben einem Bauernhof lag. Mann, gab es hier wieder viel zu entdecken. Da liefen wir so zwei Stunden herum und waren dann völlig erledigt. Herrchen und Frauchen saßen noch eine Weile vor Jule und genossen den Abend.

Die Überfahrt

Herrchen und Frauchen standen früh auf. Ich und Odin hätten gerne noch etwas geschlafen, wir verstanden nicht so richtig, warum es so früh losgehen sollte. Jetzt weiß ich, wie sich Herrchen und Frauchen fühlen, wenn wir sie wecken. Ohne Frühstück gingen wir los. Frauchen hatte den Rucksack gepackt, wir wollten am Strand picknicken.

Wir gingen vom Stellplatz aus in einen Wald mit breiten Wegen. Es roch herrlich und es war kühl. Frauchen erinnerte der Duft an ihre Kindheit im Ferienlager. Da schwärmte sie immer von. Leider mussten wir an der Leine laufen. Nach einer Weile erreichten wir den Rand des kleinen Waldes. Wir konnten schon die Ostsee sehen, aber wir gingen nicht bis zum Strand, da Herrchen und Frauchen den Weg zum Hundestrand suchten. Nach einigem Hin- und Herlaufen fanden wir den Weg, der steil hinunter in Richtung Strand führte. Toller weicher Sand begrüßte uns, die Sonne schien warm und die Ostsee hatte kaum Brandung. Herrchen und Frauchen setzten sich am Strand auf einen Baumstamm und machten Picknick. Wir durften frei umherlaufen. Es war traumhaft. Odin und ich tobten ausgelassen über den Strand. Zu unserer Rechten konnte man Warnemünde sehen. Dort sollte die Fähre abfahren, die uns nach Schweden bringen würde. Das hatte Frauchen mir erklärt. Nach dem Picknick und dem Toben ging es zurück zu Jule. Vom Stellplatz aus fuhren wir zwanzig Minuten bis zum Hafen. Man sollte zwei Stunden vor Abfahrt da sein. So waren wir schon am Mittag in Warteposition an der Fähre. Inzwischen war es recht heiß geworden und wir standen mitten in der Sonne. Nach und nach kamen immer mehr Autos und Lkw, die mit der Fähre mitwollten.

So gegen 14 Uhr 30 ging das Auf-die-Fähre-Fahren los. Frauchen hatte Angst, dass wir nicht auf die Fähre passen würden und irgendwo aneckten, da Jule so groß ist. Aber die Lkw waren ja noch größer und die fuhren auch auf die Fähre. Herrchen ist ein erfahrener Fahrer, er machte das ganz souverän und bald waren wir im Bauch des Schiffes. Mann, war das aufregend, überall Autos und Lkw. Nun mussten alle aussteigen. Schnell wurden ein paar Sachen gepackt und wir bekamen die Leinen umgelegt. Und dann raus aus Jule.

Boah, stank das hier nach Abgasen und laut war es auch. Ich wäre am liebsten in Jule geblieben, aber das durften wir nicht. Herrchen und Frauchen nahmen uns auf den Arm. Alles im Schiff war eng. Die Treppen waren sehr steil, die hätten wir sowieso nicht rauflaufen können. Und dann diese vielen Menschen, das war sehr beängstigend. Wir blieben ganz dicht bei Herrchen und Frauchen. Hoffentlich machte das Herrchen nichts aus, denn so viele Menschen auf einmal stressten ihn. Das konnte ich dann riechen. Nach etlichen Treppen kamen wir in eine große Halle. Es war wie in der Fußgängerzone, nur dass wir hier auf einem Schiff waren. Das nannte man Deck. Herrchen suchte einen Ausgang ins Freie. Draußen war es viel angenehmer. Es war warm und der Wind wehte. Ein paar weitere Reisende suchten sich hier auch einen Platz, um die Aussicht zu genießen. Herrchen und Frauchen waren ganz entspannt. So machten wir uns keine Sorgen und legten uns auf den Metallboden. Der Boden vibrierte leicht. Es roch nach Meerwasser, Menschen und anderen Hunden. Einige Hunde waren gestresst, das konnte ich riechen und auch fühlen. Aber deren Besitzer waren auch gestresst. War auch kein Wunder, denn hier konnte man sich nicht einfach aus dem Weg gehen.

Plötzlich vibrierte der Boden heftig und es wurde laut. Die Fähre legte ab. Die Menschen gingen zur Reling, um die Ausfahrt zu erleben. Herrchen ging mit uns auch dorthin. Ich war ganz erschrocken, denn wir befanden uns sehr hoch über dem Wasser. Ich hatte nicht damit gerechnet, dass ein Schiff so hoch ist. Ich ging etwas zurück, denn ich wollte nicht runterfallen. Odin, die Wasserratte, wollte unbedingt ins Wasser springen. Herrchen hatte sein Tun, damit er nicht über die Reling kletterte und wirklich sprang.

Die Hafenanlagen zogen langsam an uns vorbei. Jetzt merkten man auch ein leichtes Schaukeln der Fähre. Nach und nach verschwand der Hafen hinter uns. Vor uns war die Ostsee. So hatte ich das Meer noch nicht gesehen. Zum einen von oben und zum anderen vom Schiff aus. Vor uns nicht als Wasser. Ein paar große und kleinere Schiffe waren zu sehen, die auch auf der Ostsee fuhren. So viele Schiffe sehen wir vor Neustadt sonst nicht. Der Wind wurde frischer und Wolken zogen auf. Es wurde allmählich ungemütlich draußen.

Herrchen suchte uns einen Platz in der Fähre. Es gab einen Bereich extra für Hunde, wo es ruhig war. Einige andere Hund waren mit ihren Besitzern auch hier. Leider war es nicht besonders warm, denn aus der Decke strömte kalte Luft. Und auch das Rauschen der Luft nervte. Wir Hunde fühlten uns nicht sonderlich wohl in diesem Raum. Herrchen und Frauchen waren auch nicht mehr ganz so entspannt, aber wir konnten aber nicht woandershin. So blieben wir die nächsten Stunden während der Überfahrt hier. Odin und ich versuchten zu schlafen, so gut es eben ging. Ein Gong weckte mich. Eine Stimme aus dem Lautsprecher erklärte etwas, ich konnte es aber nicht verstehen. Die Zweibeiner hörten aufmerksam zu. Die Frauenstimme sprach lange und zum Schluss konnte ich sogar verstehen, was sie sagte. Wir würden bald in Trelleborg sein und sie bedanke sich, dass wir mit der Fähre gefahren sind.

Frauchen erklärte mir später, dass ganz viele Menschen aus verschiedenen Ländern auf der Fähre fahren und die Durchsagen immer in Englisch, Schwedisch und Deutsch erfolgen. Jetzt war auch klar, warum sie so lange gesprochen hatte. Da haben Hunde es besser, die verstehen sich immer und überall auf der Welt. Wir bellen alle die gleiche Sprache. Jeder hat zwar seinen Dialekt, aber man versteht sich trotzdem.

Langsam wurde es unruhig auf Deck. Die Menschen packten ihre Sachen zusammen und bewegten sich zu den Zugängen, wo die Autos standen. Es wurde wieder eng. Jetzt konnte ich Herrchen verstehen, dass ihn so viele Menschen stressen. Odin fühlte sich auch nicht wohl. Der Arme hatte als kleiner Hund da, wo er geboren wurde, schlechte Erfahrungen gemacht. Ich habe keine schlechten Erfahrungen gemacht, aber mir waren die vielen Menschen auch nicht geheuer. Wir spürten, wie das Schiff anlegte. Alles wackelte, überall klapperte und scheppterte es. Es war sehr laut. Wir zuckten zusammen bei dem Lärm. Dann wurden die Schotten zum Autodeck geöffnet. Jetzt konnten wir endlich zu Jule. Ich hatte sie richtig vermisst. Hier fühlten wir uns viel wohler, es war unser zweites Zuhause.

Als wir aus dem Bauch des Schiffes fuhren, wurde es schon dunkel. So konnten wir nicht mehr viel von Trelleborg sehen. Herrchen folgte den anderen Autos von der Fähre bis zu einer großen Straße. »Vällkommen till Sverige«, sagte er, als wir auf die große Straße fuhren. Jetzt mussten wir nur noch den Stellplatz finden. Inzwischen war es dunkel geworden. Odin und ich schliefen fest auf unseren Plätzen in Jule. Die Heizung lief und es wurde muckelig warm. Am Stellplatz ging es noch mal kurz raus zum Gassigehen und dann wurde geschlafen. Alle waren von der Überfahrt erschöpft.

Schwedischer Sommer

Geweckt wurden wir durch das Trommeln des Regens auf das Dach. Na toll, Schietwetter in Schweden. Ich hatte so überhaupt keine Lust, vor die Tür zu gehen. Odin machte auch keine Anstalten, wach zu werden, der grunzte friedlich vor sich hin. Herrchen drehte sich um und schaute durch das Fenster. Frauchen quälte sich aus dem Bett und verschwand im Bad. Herrchen brummte irgendwas Unverständliches in den Bart und zog die Decke wieder über sich. Der hatte auch keine Lust aufzustehen. Schimpfend kam Frauchen aus dem Bad: »Es ist arschkalt, mach mal die Heizung an.« Die Hand von Herrchen kam unter der Decke hervor und er griff über sich in die Ablage, wo sein Handy lag. Dann verschwand das Handy unter der Decke. Einen Moment später brummte die Heizung. Was Herrchen alles mit dem Handy kann, staunte ich.

Frauchen hob uns vom Bett und legte uns die Halsbänder um. Es sollte rausgehen. Frauchen, das kannst du vergessen. Es ist richtig scheiße draußen. Wir bewegten uns keinen Millimeter. Frauchen stöhnte genervt. Sie zog sich trotzdem die Jacke über und öffnete die Tür. Ein Schwall kalter Luft wehte in Jule hinein. Wir hatten keine Wahl, wir mussten raus. Es wehte ein starker Wind und es nieselte. Kein Wetter zum Gassigehen. Mir war kalt und meine Pfoten wurden nass. Wo war mein Regenschirm? Mein adeliges Fell wurde nass. »Unerhört!«, grummelte ich. Odin hingegen fand das großartig. Der tänzelte im Wind und schaute sich erst mal um. Es standen noch ein paar andere rollende Häuser hier. Durch eine Bruchsteinmauer war der Stellplatz von dem kleinen Strand abgetrennt, dahinter lag die Ostsee. Die tobte heute Morgen. Gut, dass wir gestern nicht so einen Sturm hatten, als wir auf der Fähre waren, dann wären wir alle seekrank geworden.

Schnell machte ich mein Geschäft und verkroch mich unter Jule. Odin lief weiter freudig auf dem Stellplatz herum, während Frauchen schlecht gelaunt neben der Tür von Jule stand. Endlich hob Odin das Bein. Frauchen rief ihn und schnell huschten wir wieder rein. Drinnen war es inzwischen muckelig warm. Herrchen lag immer noch im Bett und Frauchen schimpfte wie ein Rohrspatz: »Du hättest ja schon Kaffee machen können.« Ein Brummen kam unter der Decke hervor. »Los, jetzt steh auf.« Frauchen war ärgerlich. Umständlich und lustlos krabbelte Herrchen aus dem Bett, zog sich an und machte Kaffee. Die Rollos wurden hochgezogen und gaben die Sicht nach draußen frei. Trotz des miesen Wetters sah es sehr beindruckend aus. Wir rollten uns in unseren Körbchen zusammen und schliefen schnell wieder ein. Herrchen und Frauchen saßen mit Kaffee schweigend auf ihren Plätzen und schauten nach draußen. Während wir schliefen, planten sie den Tag.

Als es das Wetter zuließ, gingen wir auf Erkundungstour. Der Stellplatz befand sich neben einem Wikinger-Museum. Das war jetzt aber nicht so toll. Außerdem war es sehr stürmisch am Wasser. So fuhren wir weiter ins Landesinnere, wo es nicht so stürmisch war, über die E65 in Richtung Malmö, das wir dann links liegen ließen und weiter auf der E22 nach Lund fuhren. Von Lund ging es nach Hörby, das war die erste Fahrt, die ich mal mitbekam. Ich durfte bei Frauchen auf dem Schoß sitzen.

Also Schweden ist ganz toll. Viele Wälder, viel freies Feld, atemberaubende Landschaft. Hier und da steht ein kleines Haus. So sieht unser Zuhause in Neustadt auch aus. Nur dass unser Haus blau ist und hier sind alle fast immer rot. Es ging gemütlich durch die Landschaft. In Schweden darf man nicht so schnell fahren wie in Deutschland und überall stehen Blitzer, wo es teure Fotos gibt, sagt Herrchen immer. Verstehe ich zwar nicht, aber ich bin auch nur eine adelige Französische Bulldogge, die chauffiert wird. Irgendwann bog Herrchen ab und wir fuhren auf einem Schotterweg in einen Wald. Es sah sehr wild aus, wo uns Herrchen hinführte. Ob Jule genau wusste, wo sie uns hinlotste? Das war interessant, denn Jule, unser Wohnmobil, sprach mit uns. Es sagte Herrchen immer, wo er langfahren soll. Da ich jetzt vorne saß, bekam ich das zum ersten Mal richtig mit.

Wir hielten auf einem Waldparkplatz unter einer schönen Eiche. Wir waren irgendwo im Nirgendwo. Um uns herum nur Wald und ein See. Alles still, nur der Wind in den Bäumen und die Vögel waren zu hören. Eine absolute Idylle, traumhaft schön. So was hatten wir nicht erwartet. Vor uns lag ein See. Odin stürzte gleich mal ans Wasser. Frauchen legte uns die Langleinen an und so konnten wir umherlaufen. In Schweden durften wir nur mit Leine laufen und Frauchen ist da sehr ordentlich, auch wenn hier keine Menschenseele war, die hätte meckern können. In der Nähe war ein Grillplatz, wo sich Herrchen und Frauchen gleich mal ihr Frühstück aufbauten. Das erste Frühstück in Schweden. Der Himmel war zwar bedeckt, aber es war nicht kalt. Odin und ich liefen umher und erkundeten den Grillplatz. Ich balancierte auf ein paar Holzstämmen. Odin versuchte es auch, der ist aber ein Grobmotoriker. Herrchen und

Frauchen kicherten fröhlich beim Essen. Es war superentspannt.

Nachdem das Essen weggeräumt war, erkundeten wir die Umgebung. Ein Grasweg folgte dem Ufer des Sees. Überall gab es was zu schnuppern. Es roch so ganz anders in Schweden. Wir waren richtig aufgeregt. Es gackerte und piepte, es flatterte und summte. Nur Natur um uns herum. Boah, war das sonst ruhig hier. Da hörte man glatt sein eigenes Schnüffeln. Ich weiß nicht, wie lange wir gegangen sind, aber es muss eine Ewigkeit gewesen sein. Als wir wieder bei Jule ankamen, spürte ich, wie kaputt und müde ich war. Odin hatte sich ins Gras gelegt und schlief schon. Die Stühle wurden aus der Heckgarage geholt und die Zweibeiner setzten sich gemütlich hin und schliefen auch bald ein.

Später am Nachmittag liefen wir noch mal ein kleines Stück am See entlang und als wir zurückkamen, stand noch ein anderes Auto auf dem Parkplatz. Herrchen meinte, dass es Schweden seien. Hoffentlich meckerten die nicht, dass wir hier sind. Ich drückte mich ganz eng an Frauchen und konnte spüren, dass sie auch etwas Angst hatte. Aber die Schweden waren freundlich und wir störten sie nicht. Später kamen noch mehr Autos. Die wollten alle hier übernachten. Eigentlich war es verboten, hier zu campen. Aber wenn selbst die Schweden hier stehen, dann sollte man sich keine Sorgen machen. Die An-strengung der letzten Tage machte sich bemerk-bar und es ging früh ins Bett. Hin und wieder hörte ich, weit weg, Geräusche, aber ich war zu müde, um darauf zu reagieren.

Am nächsten Morgen waren wir auf dem Stell-platz wieder allein. Da es uns hier so gut ge-fiel, blieben wir noch eine Nacht und genossen weiterhin die Natur und die Stille.

Nach zwei Nächten ging es dann weiter durch die schöne schwedische Landschaft. Als wir in Åsljunga ankamen, standen wir auch erst wie-der allein. Der Stellplatz lag am Ende einer Wohnsiedlung, in der Nähe befand sich ein traumhafter kleiner See. Darin konnte man sogar baden. Natürlich mussten wir den See gleich mal erkunden. An der Badestelle gings für Odin ins Wasser. Ich hinterher, ich habe ja keine Angst mehr vor Wasser, zum Leidwesen von Odin. Herrchen und Frauchen sind mit den Füßen auch rein. Das war herrlich. In Schwe-den war es jetzt angenehm warm. Das Wasser war etwas frisch, aber wir hielten das aus. Den Rest des Tages wurde gegammelt. Herrchen und Frauchen machten so komische Bewegungen, sie nennen das Sport. Frauchen macht Yoga, da machen wir Hunde ab und zu mit. Besonders gerne den herabschauenden und den herauf-schauenden Hund. Das können Odin und ich besser als Frauchen. Herrchen macht auch so was Merkwürdiges. Das nennt sich Qigong. Da schauten wir nur zu. Wir genossen es, in der Sonne zu liegen. So stelle ich mir Urlaub vor, und nicht dieses Rumgerenne von meinem Personal. Wir saßen noch lange draußen und fühlten den Sommer in Schweden. Irgendwie wurde es hier später dunkel als zu Hause. Ja, ich weiß, im Sommer geht die Sonne später unter als sonst, aber hier ist das noch mal etwas anderes. Wenn es hier dunkel ist, ist es zu Hause schon lange dunkel.

Freudiges Wiedersehen

Müde öffnete ich die Augen, irgendwas hatte mich geweckt. Angestrengt horchte ich in die Stille. Ich hörte ein leises Fiepen. Ich drehte die Ohren hin und her. Es hörte sich dumpf an, wie zugedeckt. Was fiept denn da? Das Geräusch kam mir bekannt vor. Mein müdes Hirn grub langsam in den Erinnerungen. Sollte das Frieda sein? Ich drehte den Kopf und sah nur meine Zweibeiner unter ihren Decken. Da war es wieder, dieses Fiepen. Es kam von unter der Decke von Frauchen hervor. Das konnte nur Frieda sein. Nach einer Weile bewegte sich die Decke ein wenig hin und her und dann war Ruhe. Frieda hatte wohl nur geträumt. Ich nuckelte noch etwas an der Decke von Herrchen und schlief wieder ein.

Plötzlich war Unruhe im Bett. Ich versuchte es zu ignorieren, denn ich war noch unglaublich müde. Frauchen stand auf und zog sich an. Da musste wohl wer raus. Frieda hatte Frauchen geweckt. Egal wie müde ich war, es war wohl besser, ich ging mit. So torkelte ich schlaftrunken nach draußen. Erstbester Busch, Beinchen hoch und ... schemenhaft sah ich Frauchen, die vor Jule stand und Frieda beobachtete. Schwerfällig kamen die Gedanken: Wieso ... warum ... wo bin ich ... warum so hell ... So langsam wurde mir klar, es war frühmorgens und wir standen im Wald – ach ja, da war ja was, wir waren in Schweden. Boah, hatte ich fest geschlafen, war auch kein Wunder bei der Stille hier. Außer etwas Wind war nichts zu hören. Wir trotteten wieder in Jule rein. Erst jetzt wurde mir bewusst, wie frisch es draußen war. Wieder im Bett, schlief ich sofort ein.

Wie lange ich dann noch geschlafen habe, weiß ich nicht. Jedenfalls weckte mich Herrchen mit einer Krauleinheit. Draußen stand schon das Frühstück bereit. Ich trottete ein wenig am See entlang und genoss den Sommermorgen. Das Wasser glitzerte so schön, die Luft war herrlich warm. Die Natur um uns herum war schon im vollen Gang. Alles war so friedlich und entspannt. Nach dem Frühstück packten Herrchen und Frauchen alles zusammen und verstauten alle wieder in Jule. Es ging dann weiter. Ich war gespannt, wo wir diesmal landen würden. Frieda durfte wieder bei Frauchen auf den Schoß, ich kuschelte mich in mein Kissen und träumte von den nächsten Abenteuern.

Nachdem wir den See verlassen hatten, entdeckten wir eine Storchenklinik, in der kranke und verletzte Störche gesund gepflegt wurden. So viele Störche auf einmal hatte ich noch nie gesehen. Zu Hause sieht man ab und zu vielleicht mal einen, hauptsächlich im Herbst. Nachdem Herrchen Fotos gemacht hatte, ging es weiter. Ich verschlief, wie immer, die Fahrt, aber Frieda erzählte mir später, was es zu sehen gab. Wir befuhren die Straße mit der Nummer 24 in Richtung Göteborg, vorbei an traumhaft schönen Wäldern und Wiesen und wunderschönen Schwedenhäusern, sanften Hügeln, schönen Flussauen, glücklichen Kühen und verträumten Dörfern. Die Sonne schien angenehm ins Wohnmobil hinein. So rollten wir gemütlich dahin. Wir kamen immer näher an die Westküste von Schweden heran und die Landschaft veränderte sich. Es wurde felsiger und es gab kaum noch Wald. Viel offene Landschaft und hin und wieder ein traumhafter Blick auf die Ostsee mit ihren Schären. Im Fernsehen sah das schon traumhaft aus, aber in echt ist es noch mal so schön.

Bei Mellbystrand fuhren wir auf der E20 an der Küste entlang. An Halmstad vorbei, der Heimatstadt von Roxette und Arch Enemy. Das sind Musikbands, die das Personal hört. Weiter ging es an Falkenberg vorbei in Richtung Trönnige und dann über Kungsbacka nach Göteborg. Herrchen schwelgte die ganz Zeit in Erinnerungen. Er war als junger Mann viel hier in der Gegend gewesen. Er hatte erzählt, dass er mit einer Volkstanzgruppe aus Schweden hier eine befreundete Tanzgruppe aus Kungälv besucht hatte, woraus Freundschaften entstanden waren. So hatte er den einen oder anderen Urlaub hier verbracht. Und jetzt waren wir auf dem Weg, uns mit den Freunden zu treffen, die Herrchen zwölf Jahre lang nicht gesehen hatte. Herrchen war ganz aufgeregt. Das Treffen sollte in Almöns auf der Insel Tjörn stattfinden. Hellen, eine von Herrchens Freundinnen, hatte dort einen Dauer-campingplatz und dahin sollte es gehen.

Nach einer gefühlten Ewigkeit erreichten wir den Campingplatz. Die Anfahrt dorthin war atemberaubend. Der Zugang zur Insel Tjörn führt über eine große Brücke, die in die großen Felsen gebaut ist, und darunter sind Schären und die Ostsee. Praktisch unter der Brücke befand sich die Zufahrt zum Almöns Camping. Auf einem großen Felsen gelegen, von Wasser umgeben, liegt dieser Campingplatz in einem kleinen Lärchenwäldchen. Einfach traumhaft.

Nachdem wir eingecheckt hatten, ging die Suche nach unserem Stellplatz los. Der war noch besetzt, was aber nicht schlimm war, denn er war doof. Für den Fall, dass das passiert, hatte Herrchen am Check-in einen Alternativplatz bekommen. Der war um einiges schöner. Wir standen hier sogar unter einem Baum.

Der Campingplatz war recht voll. Während Herrchen Jule einrichtete, ging Frauchen mit uns die Umgebung erkunden. Dabei wurde uns erzählt, dass vor sehr, sehr langer Zeit die ganze Gegend unter einem riesengroßen Eispanzer gelegen hatte. Dieser hatte dann die ganzen Felsen abgeschliffen. Ich konnte mir das nicht vorstellen, was aber auch egal war, denn die Landschaft sah großartig aus. Ich bin gleich ins Wasser gelaufen. Oh, war das herrlich. Auch wenn wir in Schweden waren, war es auch hier ordentlich warm.

Nachdem wir uns erfrischt hatten, gingen wir zurück zu Herrchen. Jule stand perfekt und die Stühle für unsere Reiselustigen waren auch schon aufgebaut. Bei einem Kaffee wurden Pläne gemacht. Herrchen teilte seinen Freunden mit, dass wir auf dem Platz sind. Wir waren schon gespannt, was das für Freunde sein würden. Ob Schweden nett sind, ob sie überhaupt Hunde mögen. Frieda beruhigte mich: »Herrchen und Frauchen würden uns niemals irgendwo mit hinnehmen, wo man keine Hunde mag.« Erleichtert schlabberte ich Friedas Ohr. Anschließend erkundeten wir die Umgebung.

Ein breiter Weg führte erst durch den Wald und dann am Wasser entlang. So kamen wir nach einiger Zeit zu einem kleinen Jachthafen, der sehr idyllisch aussah. Auf den Steg sitzend, futterten wir unser erstes schwedisches Eis. Später, zurück bei Jule, ruhten wir uns aus. Mir taten schon wieder die Pfoten weh. Wir waren wohl wieder ordentlich gelaufen. Erschöpft schlief ich ein. Die Geräuschkulisse war schon intensiv. Ich versuchte zu horchen, was da so alles an meine Radarohren drang. Zum einen war da das Geschrei von Kindern in einer Sprache, die ich nicht kannte. Überhaupt redeten die Menschen hier komisch. Ich verstand kein Wort. Aber der Klang der Sprache war sehr angenehm. Überall klapperte und klimperte etwas im Wind. Es war angenehm warm, gut geeignet, um zu faulenzen. Es roch nach Wasser, Sonnenöl und Essen. Der Geruch von Essen ließ mir das Wasser im Mund zusammenfließen. Und dann war da noch so ein komisches Geräusch, das ich nicht orten konnte. Es ertönte regelmäßig, war nicht besonders laut, aber doch zu hören. Kam das von draußen oder hier drin? Es war ein dumpfes Pusten. Jetzt war klar, was oder wer das war. Es war Frieda, die bei Frauchen unter der Decke lag und pumpte. In diesem Moment wurde Herrchen wach. Verschlafen stupste er Frauchen an und murmelte was von »Aufstehen« und »Anna-Lena kommt gleich«.

Es war Nachmittag geworden, die Sonne schien durch die Lärchen und auf dem Campingplatz herrschte geschäftiges Treiben. Leute kamen an und bauten auf, Kinder spielten in der Sonne. Grillduft lag in der Luft. Vom Strand her hörte man fröhliches Geschrei. Herrchen drehte eine kleine Runde mit uns über den Platz. Plötzlich ein Schrei und zwei Frauen kamen auf uns zugestürmt. Frieda und ich machten uns bereit, Herrchen zu verteidigen. Wir würden unser Leben dafür geben. Herrchen durfte nix passieren. Unser Nackenhaare standen hoch. Moment mal ... Herrchen war ganz entspannt und grinste fröhlich.

»Välkommen, Reiner!«, rief eine Frau. Und schon lagen sich alle in den Armen. Also keine Gefahr für Herrchen. Die schienen sich gut zu kennen. Hellen und Susann stellten sich uns vor. Was soll ich sagen, schwedische Frauchen sind toll. Ich wurde ausgiebig gestreichelt. Frieda natürlich auch. So beschwingt gingen wir zu Jule zurück. Auch Frauchen wurde herzlich begrüßt. Die beiden Frauen sprachen recht gut Deutsch, so war die Verständigung kein Problem. Wie sich herausstellte, hatte Hellen einen Wohnwagen hier. Dieser stand etwas weiter weg von unserem Stellplatz. So begleiteten wir sie zu dorthin. Ein Wohnwagen ist ein Wohnmobil ohne Lenkrad und Motor.

Wir wurden dem Rest von Hellens Familie vorgestellt. Alle waren sehr freundlich. Bei Kaffee wurde viel geredet und gelacht. Wir kuschelten uns unter den Stuhl von Frauchen und lauschten dem Geschnatter. Alte und neue Geschichten wurden erzählt. Wenn ich das richtig verstand, kannten sich Herrchen und die Schwedinnen schon sehr lange, ein halbes Leben lang schon. Es war schon eine ganze Weile her, dass man sich gesehen hatte. Die Sonne schien, der Wind wehte leicht und alle waren entspannt. Später kam noch eine Frau dazu, Anna-Lena. Auch die kannte Herrchen. An dem Wohnwagen befand sich ein Zelt, in dem wir saßen. Später wurde hier gegessen und getrunken. Alles duftete nach Sommersonne und es gab diesen speziellen Geruch, den es nur in Schweden gibt. Frieda und ich waren sehr entspannt. Der Abend wurde sehr lang. Es dauerte eine Ewigkeit, bis es zurückging zu Jule.

Eigentlich wollten wir schlafen, aber es war noch gar nicht richtig dunkel. Deswegen drehten wir noch eine kleine Gassirunde. Auf dem Campingplatz war Ruhe eingekehrt. Hier und da hörte man noch wen draußen sitzen und sich gedämpft unterhalten. Die eine oder andere Feuerschale strahlte noch gemütliche Wärme ab. Am Strand des Campingplatzes konnten wir noch mal ins Wasser. Die Sonne war gerade untergegangen und der Himmel war in die tollsten Farben getaucht, Blau, Rosa, Lila, so einen schönen Sonnenuntergang hatte ich noch nicht gesehen. Selbst für uns Hunde war das ein schönes Erlebnis. Wir bestaunten eine Weile diesen Anblick. Ich bekam noch mit, dass Herrchen ganz erstaunt war, dass es schon nach Mitternacht war und es erst jetzt richtig dunkel wurde. Erschöpft von dem Tag, schliefen wir schnell ein.

Vogelgezwitscher und Kindergeschrei drang an meine Ohren. Ich sog den herrlichen Duft von Wasser, Kaffee und Seife ein. Ich wollte gar nicht aufstehen. Die anderen schienen noch zu schlafen, so horchte ich in die Welt hinein. Die vielen verschiedenen Sprachen um mich herum fand ich faszinierend. Da schimpfte eine Mama mit ihrem Kind, dort bettelte ein anderes Kind um etwas, dort stritten sich ein paar Zweibeiner und auf der anderen Seite unterhielten sich Nachbarn, möglicherweise über das Wetter. Die Sonne schien durch das Oberlicht in Jule hinein und kitzelte mich in der Nase, sodass ich heftig niesen musste.

»Gesundheit, Dicker!«, kommentierte Frauchen.

Ich blinzelte im die Sonne. Herrchen schlief noch und Frieda war noch bei Frauchen unter der Decke. Nach dem Kaffee und dem Frühstück für uns erkundeten wir die andere Seite des Campingplatzes. Dabei trafen wir Hellen und Susann, die zum Wasser wollten, um zu baden. Herrchen und Frauchen war es noch zu kalt. Konnte ich nicht verstehen, für mich war es genau richtig. Frieda war genauso ein Frostköttel, die ging auch nur ins Wasser, wenn es unbedingt sein musste. Die Schären waren in der letzten Eiszeit entstanden, als eine riesengroße Eisplatte die Landschaft abgeschliffen hatte, deswegen waren die Felsen hier so schön rund. Herrchen fotografierte sehr viel. Gegenüber von Alömns gab es eine große Fabrik, mit einer großen Fackel. Dort legten sehr große Schiffe ab und an. Das war spannend zu sehen. Unsere schwedischen Freunde erklärten später, dass dort der Treibstoff für Jule produziert wird. Die Landschaft war unglaublich beeindruckend. Wir konnten von dieser Seite der Insel aus die große Brücke sehen, über die wir gekommen waren. Die war riesig.

Gegen Mittag trafen wir wieder am Wohnwagen von Hellen ein. Ihre Kinder hatten Holzklötze aufgebaut, sie wollten mit uns spielen. Leider durften wir nicht. Frieda und ich lagen im Schatten unter einem Baum und beobachteten stattdessen, wie die Zweibeiner spielten. Das war interessant für uns Hunde. Das Spiel nannten sich Kubb, zu Deutsch Wikinger-Schach. Zwei Mannschaften warfen abwechselnd Holzklötze über ein Spielfeld. Die Zweibeiner lachten viel. Es war spannend zu sehen, wie sie sich dabei benahmen. Es war eine Art Kampf, keiner wollte verlieren. Jetzt konnte ich mir vorstellen, wie es für Herrchen und Frauchen war, wenn sie uns Hunden beim Spielen zusahen.

Später saßen wir wieder in dem Zelt vor dem Wohnwagen. Bei Essen und Trinken wurde es wieder ein sehr langer Abend. Beseelt davon, schliefen wir später in Jule ein.

Am nächsten Morgen standen wir zeitig auf, denn wir wollten weiter. Schweden ist groß und wir hatten vor, noch viel davon zu sehen. Die Reise ging nach Kungälv, wo unsere neuen Freunde wohnten. Anna-Lena hatte sich angeboten, uns die Altstadt von Kungälv zu zeigen.

Der Stellplatz in Kungälv befand sich vor Bohus Fästning. Es war eine atemberaubende Kulisse. Die Festung stammt aus dem 14. Jahrhundert, ist also schon sehr alt. Sie ist sehr gut erhalten, obwohl sie einige Kämpfe erlebt hat. Unter alten Bäumen, auf einem Schotterplatz, stellten wir Jule ab und erkundeten dann die Umgebung. Die Festung liegt am Südufer des Nordre älv, das ist der Fluss, der durch Kungälv fließt. Und hier beginnt auch der berühmte Göta-Kanal, der die fünftgrößten Seen Schwedens verbindet. Er ist 190 Kilometer lang und verläuft von Göteborg bis Stockholm.

Nachdem wir ein wenig am Kanal entlanggewandert waren und die Festung bestaunt hatten, gab es erst mal eine Stärkung. Gegen Mittag kam dann unser Tourguide Anna-Lena. Freudig wurde sie begrüßt und ich musste erst mal ausgiebig ihre Ohren schlabbern. Anna-Lena

sagte immer: »Odin, min söta, odin, min kära.«
Ich hatte keine Ahnung, was das hieß, aber so
freundlich, wie es klang, musste es was Schönes bedeuten. Die Führung begann unter der
Festung und führte in Richtung Altstadt. Alles
sah sehr gepflegt und sauber aus. Wenn die
Autos nicht gewesen wären, hätte man meinen
können, wir wären in einem Freilichtmuseum.
Anna-Lena erklärte, dass hier schon einige Filme
gedreht worden seien. Das glaubte ich gerne. An
den Häuserfassaden waren Platten angebracht,
auf denen stand, wann das Haus erbaut worden
war und wer es in all den Jahrhunderten bewohnt
hatte. Das war sehr spannend. Herrchen hatte
das Gefühl, gleich würden Michel oder Pipi oder
die Kinder von Bullerbü um die Ecke kommen.
So muss es vor 150 Jahren gewesen sein. Die
Zeit war bestimmt sehr beschaulich gewesen,
aber auch entbehrungsreich. Wir gingen langsam, damit wir genug Zeit hatten, alles zu sehen.
Und es gab sehr viel zu sehen. Hinter jeder Ecke
machten wir eine neue Entdeckung. Ob das nun
die schönen Gärten mit ihrer Blumenpracht
waren oder die verzierten Häuser mit ihren
schön umrahmten Fenstern. Wir waren echt er-
schlagen von all den Eindrücken.

Später liefen wir noch durch das moderne Kungälv. Das sah dann leider genauso aus wie jede
andere Großstadt in Europa. Unten am Fluss gab

es ein kleines Highlight: die Keksfabrik von Kungälv, Göta Keks. Anna-Lena erzählte uns, dass die Fabrik verkauft worden sei und Ende des Jahres geschlossen werde. Das war traurig. Schnell kauften Herrchen und Frauchen noch ein paar Kekse. Wieder bei Jule angekommen, gab es erst mal Kaffee für die Zweibeiner und für uns was zu futtern. Später fuhren wir mit Anna-Lenas Auto zu Susann. Dort waren wir zum Essen verabredet. Zu Hause bei Susann sah es nicht viel anders aus wie bei uns. Lustigerweise hatte sie sogar ein paar Möbel, die wie die bei Herrchen und Frauchen aussahen. Offensichtlich hatten sie im gleichen Möbelhaus eingekauft. Ich fragte mich nur, ob es in Schweden keine Möbelhäuser gab und sie deshalb nach Deutschland fahren mussten. Frieda und mich hat das etwas verwirrt. Susann hatte ein leckeres Essen vorbereitet und so saßen alle gemütlich im Wohnzimmer, während wir die Wohnung erkundeten. Es gab keine Haustiere, was schade war. Aber trotzdem war es spannend. Überall gab es was zu beschnuppern und zu entdecken. Aber am schönsten war es immer noch in der Nähe von Herrchen und Frauchen und so kuschelten wir uns unter ihre Stühle und schliefen erschöpft ein. Auch heute redeten die Zweibeiner wieder sehr viel und lange. War ja auch kein Wunder, wenn sie sich so lange nicht gesehen hatten. Mir hat es bei Anna-Lena, Hellen und Susann sehr gut gefallen. Wir kommen bestimmt wieder.

Anna-Lena fuhr uns zu Jule und wir ließen dort den schönen Abend ausklingen.

Es wurde auch etwas länger geschlafen als sonst. Die Zeit mit den Freunden war doch anstrengend gewesen. Nach Kaffee und Frühstück packten wir und verließen Kungälv mit einer Träne im Auge. Doch auf uns wartete ein neues Abenteuer. Wir fuhren noch einmal an der Bohus Fästning vorbei und dann auf die E45, immer in Sichtweite des Göta-Kanals. Die Straße schmiegte sich sanft in die Landschaft. Es ging vorbei an kleinen Dörfern und einzelnen Höfen. Auf den Wiesen grasten friedlich Kühe. Das Ganze war umgeben von typisch schwedischem dunklem Wald. Nach und nach veränderte sich die Landschaft, es wurde zusehends felsiger. Es war überwältigend schön. Und da man in Schweden nicht schnell fahren darf, konnten wir, also Herrchen und Frauchen, die Landschaft voll genießen. Wir hingegen schliefen die meiste Zeit selig. Wir hörten oft ein »Ahhh!« und »Ohhh!« und »Schau mal ... oh, wie schön!«.

So cruisten wir bis nach Trollhättan. Der Name der Stadt bedeutet so viel wie Trollhut. Das kommt nicht von ungefähr. Die Landschaft hier ist genau so, wie man sich die in den nordischen Sagen vorstellen würde. Schroff, verwunschen, felsig und beeindruckend. Ich habe zwar von nordischen Sagen keine Ahnung, Herrchen aber umso mehr. Aber selbst uns flößte diese Umgebung Respekt ein. Durch die engen Straßen von Trollhättan gelangten wir zu einem Kraftwerk, in dessen Nähe ein großer Schotterparkplatz war. Dort stellten wir Jule ab. Staunend standen wir vor einem trockenen Wasserfall. Diese Schlucht war märchenhaft. Eine Brücke schwang sich über sie und den Wasserfall hinweg, daran konnte man schon die Dimensionen erkennen. Die Felsen stiegen steil nach oben. Es sah alles sehr wild aus. Trollhättan thront über dieser Schlucht. Herrchen erzählte, dass er schon mal hier gewesen sei und dass es den Wasserfall da noch gegeben habe.

Jule stand am hinteren Ende des Parkplatzes unter einem großen Baum, sehr versteckt und idyllisch. Auf einer kleine Wiese hinter ihr war so ein komisches großes Ding. Ich ging vorsichtig darauf zu, immer darauf bedacht, sofort die Flucht zu ergreifen, wenn es angreifen sollte. »Frieda, ist das einer dieser Trolle?« Frieda sah mich ängstlich an. Sie wusste es auch nicht. Mit Bürste auf dem Rücken gingen wir näher an dieses Ding heran, aber unsere Zweibeiner folgten uns ohne ein Anzeichen von Angst, somit konnte es nix Schlimmes sein. Aber wir trauten dem Ding nicht. Wir hatten so was noch nie gesehen. Das Ding sah aus wie ein großes schwarzes Ei mit goldenen Schaufeln dran. Da es sich nicht bewegte, ignorierten wir es. Frieda hatte immer noch eine große Bürste auf dem Rücken. Wir hörten unsere Zweibeiner lachen. Das war nicht witzig, wir versuchten sie schließlich zu beschützen.

Als wir dann endlich vor dem Ding standen, erklärte Herrchen, dass es eine Turbine aus dem Kraftwerk sei. Mit dieser Turbine wurde Strom für die Zweibeiner gemacht. Sehr gewaltig. Ich kam mir sehr klein vor. Entspannt gingen wir weiter in Richtung Kraftwerk. Alles hier in der Schlucht war gewaltig, die Felsen, die steil aufragten, das Wasser, das aus dem Kraftwerk strömte. Der sich daran anschließende Fluss war ebenfalls riesig. So eine gewaltige Natur war einschüchternd, aber auch wunderschön. An dem großen Tor zum Kraftwerk stand eine Zahl, 1907. In diesem Jahr wurde das Gebäude gebaut. Das ist schon sehr lange her, aber das Kraftwerk ist immer noch in Betrieb. Es summte leise vor sich hin. Wo wohl der ganz Strom gebraucht wurde? Unsere Jule brauchte nicht immer Strom. Die konnte auch mal ohne Strom stehen.

Wir erkundeten weiter die Umgebung und liefen den Berg hoch in den Ort Trollhättan. Die Felslandschaft war durchzogen vom Göta-Kanal.

Hier und da gab es eine Brücke, so konnte man auf die andere Seite des Kanals gelangen. Überall gab es wieder Schilder, die beschrieben, was in den alten Gebäuden mal untergebracht war. Das war alles spannend. So viele fremde Gerüche. Nach einer gefühlten Ewigkeit kamen wir wieder zum Parkplatz, wo Jule auf uns wartete. Jetzt standen noch zwei rollende Häuser in der Nähe von Jule. Die sahen genauso aus wie sie, fehlten nur die Bully-Aufkleber.

Frieda und ich waren etwas verwirrt, gab es noch mehr Jules, hatte sie etwa Geschwister? Ob die sich auch so freuten wie wir, wenn wir andere Bullies trafen? Autos können nicht reden, aber vielleicht sprechen sie doch miteinander, ohne dass wir es hören. Was sie sich wohl zu erzählen haben? Vielleicht darüber, wo sie schon überall waren. Ich war fasziniert von der Idee, dass Autos reden könnten.

Das Erkunden der Umgebung war anstrengend gewesen, so schliefen wir bald ein. Herrchen und Frauchen machten auch ein Nickerchen.

Müde öffnete ich die Augen. Herrchen saß auf seinem Platz und schrieb. Frieda döste und Frauchen schlief noch. Ich horchte auf die Geräusche von draußen. Schien alles wie immer zu sein, aber doch war etwas anders. Ich konnte andere Zweibeiner reden hören. Es war ein richtiges Gemurmel. Was das wohl zu bedeuten hatte?

Ausgiebig reckte und streckte ich mich und schlabberte etwas Wasser. Ich horchte weiter. Es schien, als wäre der ganze Platz voller Zweibeiner. Jetzt wurde der Rest wach. Auch Frauchen fiel auf, dass etwas anders war. Herrchen hatte davon vor lauter Schreiben und Musikhören nichts mitbekommen. »Die könnten uns klauen, das würdet du nicht merken«, frotzelte Frauchen. Beide grinsten. Frauchen öffnete die Tür und staunte nicht schlecht. Tatsächlich war der ganze Platz voller rollender Häuser. Was war denn hier los? Hatten wir was verpasst? Was gab es denn hier, was wir nicht wussten? Alle Zweibeiner schauten zum Wasserfall. Nun wurden wir auch neugierig und erkundeten das Gelände um den Wasserfall, so weit das möglich war. Sehr viel war eingezäunt und abgesperrt, denn alles war sehr tief und zerklüftet, da sollte man nicht reinfallen. Wenn hier Wasser wäre und man da reinfiele, würde das keiner überleben. Aber auch ohne Wasser sah alles sehr beeindruckend aus. Über uns war die große Brücke, die das Tal überspannte. Unter der Brücke ging ein Treppenpfad die Schlucht entlang, über den man nach oben auf die Brücke und das Sperrwerk gelangte, das das Wasser zurückhielt.

Das Wetter schlug hier sehr schnell um, eben noch Sonnenschein, im nächsten Moment ging die Welt unter. Es schüttete wie aus Eimern. Wir flüchteten schnell zu Jule ins Trockene, wo wir den Rest des Tages verbrachten. Das machte keinen Spaß bei dem Wetter und Herrchen plante schon unsere Weiterfahrt. Am nächsten Morgen sollte es wieder losgehen. Aktuell kamen wir aber nicht vom Platz, denn wir waren zugeparkt. Später am Abend fand Herrchen heraus, dass der Wasserfall von Mittwoch bis Sonntag immer um 15 Uhr für etwa zehn Minuten aktiv war. Jetzt war klar, warum alle hier waren. Nur, heute war Dienstag, also gab es keinen Wasserfall. Alle hatten Pech gehabt. Beschlossene Sache, wir würden uns das Spektakel nicht entgehen lassen.

Nach einer ruhigen Nacht erwachte ich. Alles war still. Nur der Wind und die Vögel waren zu hören. Aber wo waren die ganzen Zweibeiner? Die schliefen bestimmt noch. Herrchen stand auf und musste ins Bad, anschließend ging er mit uns Gassi. Als wir nach draußen kamen, konnten wir unseren Augen kaum trauen. Der Platz war wieder leer. Wann waren die denn alle weggefahren? Wir hatten das nicht mitbekommen.

Heute war das Wetter viel besser als gestern. Die Sonne schien. Es war angenehm warm und eine leichte Brise ging durch das Tal. So frühstückten wir draußen. Es war herrlich bei so einem Panorama. Frieda und ich tobten auf der Wiese hinter Jule herum und jagten uns um die große Turbine. Es war niemand da, den wir hätten stören können. Anschließend lagen wir in der Sonne und ruhten uns aus. Wir genossen die Natur in vollen Zügen. Selbst als Hund genießt man so etwas. So gegen Mittag kamen andere rollende Häuser und der Parkplatz füllte sich langsam. Auch auf der Brücke versammelten sich immer mehr Zweibeiner. Das war schon spannend zu sehen. Auch das Wetter zeigte sich von seiner besten Seite. Blauer Himmel und es war warm. Einfach traumhaft.

Wir hatten uns schon am Vormittag einen Platz ausgesucht, von dem aus wir das Schauspiel betrachten wollten. Er lag gegenüber dem Wasserfall auf einem kleinen Hügel. Hier hatte man den perfekten Blick auf den Wasserfall, eingerahmt von der Schlucht und der sich darüber spannenden Brücke. Wahnsinn, der Anblick. Herrchen hatte sich mit Kamera in Position gebracht. Der Parkplatz war voll mit rollenden Häusern, wie am Tag zuvor. Auf der Straße standen dicht gedrängt die Zweibeiner, selbst auf der Brücke war alles voll. Gespannt starrten wir auf die Schlucht. Pünktlich um 15 Uhr hoben sich langsam die Schotten der Absperrung, damit das Wasser in die Schlucht laufen konnte. Wir Hunde konnten das als Erste hören, sehen konnte man noch nichts. Wenn ich nicht sicher auf dem Hügel gesessen hätte, wäre ich weggelaufen, was das Zeug hält, denn das hörte sich gewaltig an, als das Wasser kam. Es dauerte mehrere Minuten, bis man etwas sehen konnte. Langsam wälzten sich die Wassermassen durch die Schlucht. Ungestüm und gewaltig schossen sie hinunter und suchten sich unter lautem Getöse ihren Weg. Es war atemberaubend zu sehen, mit was für einer Kraft das Wasser an die Felsen heranschoss. Nach zehn Minuten schlossen sich die Schotten wieder, aber es dauerte noch fast eine Stunde, bis das Wasserbett wieder trocken war.

Wir sind dann unter die Brücke gegangen und haben uns das aus der Nähe angeschaut. Frauchen hatte uns an der Leine. Herrchen hat die ganze Zeit fotografiert. Wir stiegen dann die Treppen hoch, um auf die Brücke zu kommen, immer entlang des Wasserfalls. Das war spektakulär. Ich hab gar nicht gemerkt, wie anstrengend der Weg nach oben war. Oben angekommen, sah man das Staubecken, aus dem das Wasser herausgeflossen war. Ich konnte aber nicht erkennen, dass jetzt weniger Wasser in dem Becken war. Die Zweibeiner strömten langsam auseinander und nach einiger Zeit war alles wieder ruhig, als wenn nichts gewesen wäre. Wir schlenderten noch einige Zeit am Kanal entlang und ließen die Natur auf uns wirken. Müde von den Eindrücken, kehrten wir zu Jule zurück. An diesem Abend schliefen wir früh ein.

Märchenwald

Heute verließen wir diese wunderschöne Natur.
Wir waren immer noch beeindruckt von dem,
was wir sehen und erleben durften. Von Trollhättan fuhren wir über Landstraße 44 in Richtung
Mariestad. Die Landschaft veränderte sich von
felsig hin zu dem gewohnten Bild von Schweden
mit Wald, Wiesen und dieser irren Weite. Natürlich gab es hier und da auch einen Bauernhof
mit Tieren auf der Weide. Ein wunderschönes
Stück Natur. Es machte Spaß, hier gemütlich zu
cruisen. Das entschleunigte ungemein.

Mariestad ist eine kleine Stadt am Vänern,
einem der großen Seen Schwedens. Es wurde
1583 gegründet und 1584 Bischofssitz. Heute
gehört es zur Provinz Västra Götlands län. Die
Altstadt ist so, wie man sich Schweden vorstellt.
Wie Kungälv, nur anders. Herrchen hat alles
fotografiert. Auf dem Pflaster dort ist das Laufen
total anstrengend, deswegen fiel der Rundgang
etwas kürzer aus. Leider standen wir auf einer
Marina, also am Hafen, alles nur Beton und Asphalt, nicht wirklich schön. Für uns Hunde eine
Vollkatastrophe, kein Baum, kein Gras, nichts.
Ich hatte damit weniger ein Problem, Frieda

schon mehr, denn ihr königlicher Hintern kann nur auf Gras standesgemäß pieschen. Das ist nix für das Team Waldschrat. Wir brauchen Natur. Natürlich ist für den einen oder anderen so ein kleiner Hafen toll, aber nicht für uns. Darum zogen wir am nächsten Morgen weiter, über die Landstraßen 201 und 195 nach Rödan. Dort fanden wir einen schönen kleinen Campingplatz, Sjöbacka camping, den Stellplatz buchte man über das Internet. Der Platz liegt oberhalb des Vättern-Sees, umgeben von Wald und Wiesen und man kann man von dort aus auf den See schauen. Da war sie wieder, die Natur. An dem kleinen Café des Platzes flatterte die schwedische Fahne.

Herrchen baute Jule auf und wir erkundeten den Platz zusammen mit Frauchen. Von einer Anhöhe aus hatte man einen tollen Blick auf den Vättern. In der Ferne konnten wir Segelboote sehen. Der Wind wehte uns um die Nase. Frauchen ließ uns auf der Wiese spielen. Endlich konnten wir mal wieder toben. Als Herrchen fertig mit Aufbauen war, kam er zu uns und wir wanderten runter zum See. Es war eine Badestelle ausgewiesen. Endlich konnte ich wieder ins Wasser. Auch wenn es sehr frisch war, störte uns das nicht. Frieda und ich tobten wie wild. Es gab sogar einen Sandstrand. Im Wasser lagen große, abgeschliffene Felsen, wie die in den

Schären. In unserem Übermut sprangen und tobten wir darauf herum. Herrchen und Frauchen beobachtet uns lachend. Später kamen sie auch auf die Felsen geklettert. So saßen wir in der Sonne und schauten über den See. Zufrieden lagen wir auf den warmen Felsen und der Wind wehte uns um die Nase. Das war tausendmal besser als diese Betonwüste, wo wir gestern gestanden hatten. Zurück bei Jule, ruhten wir uns in der Sonne Schweden aus. Erst jetzt bemerkte ich, dass ich total kaputt war. Mit der Sonne im Gesicht schlief ich ein.

Heute saßen wir lange draußen. Herrchen und Frauchen sprachen über die letzten Tage und wie toll es in Schweden ist. So konnten wir auch noch den traumhaften Sonnenuntergang über dem See genießen. Eigentlich sollte es am nächsten Tag weitergehen, aber es wurde beschlossen, noch einen Tag hierzubleiben. Mit diesem Wissen schliefen wir zufrieden ein.

Laute Stimmen und Gepolter weckten mich. Verschlafen sah ich mich um. Ich lag am Fußende, von Frieda war nichts zu sehen und Herrchen und Frauchen schliefen auch noch ganz fest. Was war das? Ich horchte angestrengt. Draußen war irgendwas. Da will uns jemand klauen, davor hat doch Frauchen immer Angst. Herrchen ist taub, der hört nix. Nur ich kann Frauchen und den Rest jetzt retten. Vorsichtig drehte ich mich in Richtung Tür. Sollte doch wer versuchen, uns zu klauen! Meine Nackenhaare stellten sich auf zu einem Irokesen. Da war es wieder, dieses Geräusch. Ein metallisches Klacken. Ganz nah. Soll der Lump nur versuchen, die Tür aufzumachen. Ich nahm allen Mut zusammen und glaubt mir, ich hatte fürchterliche Angst. Ich holte tief Luft. Ich würde so laut bellen, wie ich konnte. Ein tiefes, lautes, gefährliches »Wuff!« entfuhr mir. Ich erschrak selbst, denn das hörte sich sehr gefährlich an. Ich war ein bisschen stolz auf mich. »Wuff!« Frieda stand neben mir. Die hatte einen noch größeren Irokesen als ich. Wo kam die so schnell her?

»Was soll das ...«, murmelte Frauchen verschlafen, »hört auf mit der Kläfferei.« Sie setzte sich hin und schaute uns an.

Voller Erwartung des Einbrechers starrten wir in Richtung Tür.

»Da ist nichts. Die Nachbarn bauen ihre Sachen zusammen«, erklärte Frauchen genervt. »Herrchen pennt weiter, als wenn nichts wäre. Möchte auch mal taub sein«, schimpfte sie.

Sie zog sich an und holte unsere Halsbänder und Leinen hervor. Als wir draußen waren, sahen wir die Lärmquelle. Tatsächlich packten die Nachbarn alles zusammen. Die hatten einen Jeep mit einem großen Dachzelt und das

Beladen war wohl nicht so einfach. Und lautlos ging das auch nicht vonstatten.

Wir beruhigten uns. Die Luft war klar und frisch. Etwas Dunst stand über dem Platz. Die Vögel zwitscherten und die Sonne kam langsam hinter dem Wald hervor. Wir gingen zur Steilküste und blickten auf den See hinaus. Es war ein herrlicher Morgen. Alles hatte den besonderen Zauber des schwedischen Sommers. Wir standen noch eine Weile verträumt da und genossen den Augenblick.

Zurück in Jule, pennte der Herr immer noch. Mann, das würde ich auch mal gerne, schlafen, ohne was zu hören, dachte ich bei mir. Frauchen setzte uns wieder aufs Bett. Ich bin dann zu Herrchen, um ihn zu wecken. Der wurde erst mal wachgeschleckt. Frieda schlabberte mit. Das machte Spaß. Herrchen lachte und versuchte sich zu retten. Nachdem wir ausgiebig bekrault worden waren, setzte sich Herrchen auf und schaute unschuldig zu Frauchen. Die hatte in der Zwischenzeit Kaffee gekocht.

»Du bist mir ein feiner Held«, sprach Frauchen deutlich und langsam, damit Herrchen sehen konnte, was sie sagte.

Der zuckte unschuldig mit den Schultern. Ist schon doof, wenn man nicht hören kann. Da kann einem Herrchen schon leidtun, auch wenn es uns Hörende nervt. Draußen wurden die Stühle aufgestellt und die beiden tranken schweigend ihren Kaffee. Ein schöner Morgen. Der Campingplatz erwachte zum Leben, überall kamen die Zweibeiner aus ihren Behausungen und genossen die Zeit. In der Sonne liegen und den Tag verpennen, das ist genau mein Ding. Gott sei Dank wollten unsere Zweibeiner heute nicht wandern. Einfach mal faul sein, hatte Frauchen beschlossen. Da hatte keiner was gegen.

Ich lag im Gras und beobachtete die anderen Zweibeiner auf dem Platz. Das war spannend. Die einen spielten mit ihren Kindern, andere saßen genauso faul rum wie wir, nur unsere Nachbarn waren immer noch am Zusammenpacken. Was dauerte das denn so lange bei denen? Die hatten doch gar nicht so viele Dinge bei sich, oder? Sie kamen aus Holland. So jedenfalls sagte es das Nummernschild. Ein Jeep, ein Anhänger und dieses Dachzelt. Zwei Kinder und ein großer Schäferhund. Den hatte Frieda schon ins Auge gefasst. Sie liebte große Hunde. Wie fanden die alle Platz in dem Jeep? Der war kleiner als Jule. Gegen Mittag hatten sie es geschafft, alles zu verpacken, und fuhren los. Es war ein Kommen und Gehen auf dem Campingplatz, aber er war nicht voll. Das war angenehm. Irgendwann bin ich dann eingedöst.

»Los, werd' wach, du Schlafmütze«, raunte

Frieda mir ins Ohr. »Frauchen will spazieren gehen.«

»Och nö. Das artet bloß wieder aus«, beschwerte ich mich.

Aber wir hatten keine Wahl. Also rappelte ich mich auf. Hinter Jule lag der Wald, der kleine Pfad dorthin begann direkt neben uns. Im Wald war es angenehm kühl und es ging kein Wind. Es war voll spannend, überall roch es interessant. Wir hatten die Nase nur am Boden und schnupperten angestrengt. So folgten wir Herrchen und Frauchen den Pfad entlang, ohne zu sehen, wo wir waren. Irgendwann roch ich Wasser, da gabs kein Halten mehr, ich musste hinein. Vor uns lag eine kleine Bucht. Leinen ab und Feuer frei! Wie von Sinnen tobten wir am Ufer und im Wasser. Es war herrlich. Auch hier gab es diese geschliffenen Felsen. Wir kletterten auch darauf herum. Boah, war das schön hier! Als wir zurückgingen, sah ich zum ersten Mal den Wald. Die Sonne schien durch die Blätter. Ich hatte das Gefühl, dass die einzelnen Sonnenstrahlen in der Luft tanzten. Alles war in ein eigentümliches mystisches Licht getaucht. Der Boden und die Steine waren dicht bemoost. Wir waren in einem Zauberwald. Plötzlich tauchte vor mir ein kleiner Troll auf. Ich beschnupperte ihn. Er bewegte sich nicht. Nun rief auch Herrchen, dass er was gefunden habe. Ein rosa Schmetterling saß auf einem kleinen Ast. Ein paar Meter weiter sah Frauchen ein Zwergenpaar, das sich im Arm hielt. Jetzt schauten wir genauer nach, was sich am Weg befand, und sahen die ganzen Zwerge und Trolle, die in der Nähe standen. Hier ein Troll auf einer Schaukel, dort zwei Zwergenkinder, die uns zuwinkten. Herrchen versuchte alles zu fotografieren. Das alles hatten wir auf dem Hinweg nicht bemerkt. In den nordischen Ländern gibt es Sagen über Trolle, Elfen und Zwerge. Wenn Herrchen davon erzählte, dachte ich immer, was für ein Blödsinn. Jetzt nicht mehr. Ich konnte sie mit eigenen Augen betrachten. Wir sahen sogar einen kleinen Drachen, mit einem Stachel am Kopf und orangen Flügeln. Völlig fasziniert von dem Zauberwald, schlichen wir den Pfad entlang, immer auf der Suche nach einer neuen Überraschung.

Als wir wieder auf dem Campingplatz waren, erschien uns der Platz wie eine andere Welt. Noch am Abend sprachen Herrchen und Frauchen von dem Erlebnis im Wald und schauten sich Herrchens Bilder an. Frieda und ich schliefen ein und träumten von Trollen, Elfen und Zwergen. Noch völlig hin und weg von dem Zauberwald, erwachte ich am nächsten Morgen. Ich fragte mich, ob ich das alle nur geträumt hatte. Aber Frieda bestätigte mir, dass wir das alles gesehen hatten. Nach dem Frühstück packten wir zusammen und verließen diesen wunderbaren Ort, den keiner von uns vergessen wird.

Die Reise ging weiter auf der Landstraße E4, vorbei an Jönköping und Värmamo. Unser heutiges Ziel war Hornsborg. Auf einem kleinen Resthof, den ein Schwede betrieb, der in Deutschland groß geworden war und wieder zurück nach Schweden gegangen war, war unser Stellplatz. Wieder so ein verwunschener Ort. Im Wald hinter dem Resthof war auch so ein Zauberwald. Überall sah man Trolle, die sich aber als bemooste Steine entpuppten. Verlassene Gerätschaften und Trecker standen eingewachsen mitten im Wald. An einem kleinen Teich lagerten ein paar Wildgänse. Vielleicht war Nils Holgersson hier irgendwo. So eine großartige Natur. Wir waren beseelt von dem allen.

Neben unserem Stellplatz war eine Koppel, auf der ein paar Ponys standen. Wir saßen vor Jule und beobachteten sie. Ein kleines Fohlen, wenige Tage alt, kam neugierig zu uns an den Zaun. Wir beschnupperten uns freundlich. Das Fohlen sprang vor Freude am Zaun hinauf und hinab. Dann lief es zu seiner Mutter, um zu trinken. Bei dem Anblick wurde ich wehmütig. Meine Mama war ein paar Tage nach meiner Geburt verstorben. Ich merkte jetzt, wie sehr mir das fehlte. Frieda kann zu mir und schlabberte mir die Ohren, auch sie hatte bemerkt, dass ich traurig war. »Freu dich darüber, dass du das Fohlen sehen kannst, dass du in Schweden bist. Freu dich, dass wir Herrchen und Frauchen haben, die uns ihre ganze Liebe schenken«, säuselte Frieda mir ins Ohr. Dies machte mich froh. Nun konnte ich wieder die Natur genießen. Entspannt lagen wir in der Sonne. Wieder ging ein wundervoller Tag zu Ende.

So langsam neigte sich unsere Reise dem Ende entgegen. Morgen würde es in die Nähe von Malmö gehen und dann würden wir uns schon von Schweden verabschieden. Aber wir kommen bestimmt wieder. Es ist einfach zu schön hier.

Unsere Reise ging über die E4 und die Landstraßen 108 und 13 nach Lund, dann über die E22 nach Malmö. Der letzte Stellplatz in Schweden hieß Elly Garden. Hinter einem ehemaligen Bauernhof standen wir an einem Getreidefeld. Laut unserer App sollten wir von hier aus auf die Öresundbrücke schauen können, so hatte Herrchen jedenfalls geschwärmt. Aber bei unserer Ankunft stellte sich heraus, dass wir nur die oberen Pylone der Brücke erahnen konnten. Tolle Werbung. Am Anfang standen wir allein auf dem Platz, doch im Laufe des Tages wurden es immer mehr Fahrzeuge, deren Insassen hier übernachten wollten. Alle wollten am nächsten Tag über die Brücke. Wir liefen über die Wege an den Feldern und gegen Abend wurden wir durch einen traumhaften Sonnenuntergang über Malmö für den fehlenden Blick auf die Brücke entschädigt.

Es wurde eine unruhige Nacht, weil manche so früh losfuhren, dass wir immer wieder geweckt wurden. Gegen 10 Uhr starteten wir auch, bei traumhaftem Wetter. »Wenn Engel reisen«, sagt Herrchen immer. Ab jetzt fuhren wir wieder auf der Autobahn. Die Öresundbrücke ist ein beeindruckendes Bauwerk. Sie ist fast acht Kilometer lang, seit 2000 in Betrieb und die längste Schrägseilbrücke der Welt. Sie verbindet Malmö mit Kopenhagen. Um die Brücke zu benutzen, muss man Maut bezahlen. Das hatte Herrchen über das Internet schon erledigt. Dieses Internet ist toll. Ich würde auch gerne mal im Internet surfen. An der Mautstation konnten wir also die Fahrspur benutzen, wo man nicht bezahlen brauchte. Es war ordentlich was los. Jeden Tag fahren bis zu 17 000 Fahrzeuge über diese Brücke. Und dann waren wir dran. Über eine lange Rampe fuhr man auf die eigentliche Brücke. Das war alles so riesig. Wir kamen aus dem Staunen nicht mehr raus. Unter der Autofahrbahn fuhr die Eisenbahn und zwischen zwei Pylonen der Brücke passten auch große Schiffe hindurch. Ich meine, ganz große Schiffe. Das war Wahnsinn. Hinter dem zweiten Pylon war dann die Grenze zwischen Schweden und Dänemark, wie ein

Schild anzeigte. Ab da durfte man 110 Stunden-
kilometer fahren. Das war in Dänemark erlaubt.
Uns kam das jetzt wie irres Rasen vor. Die ganze
Zeit in Schweden waren wir nicht schneller als
80 gefahren. Wir mussten uns erst daran ge-
wöhnen. Im Anschluss an die Brücke fuhr man
durch einen Tunnel. Alles sehr beeindruckend,
auch als Hund. So was sieht man nicht jeden
Tag. An Kopenhagen vorbei fuhren wir auf der
E20 und der E47 in Richtung Rödbyhavn. Ungefähr zwanzig Kilometer vor Rödby verließen
wir die Autobahn und fuhren nach Bandholm.
Hier wollten wir übernachten. Wir bekamen
einen tollen Stellplatz, direkt an der Ostsee in
der ersten Reihe. Als wir ausstiegen, schlug uns
schon die Hitze entgegen. Hier war es um einiges wärmer als in Schweden, das waren wir gar
nicht mehr gewohnt. So war Gammeln angesagt.
Bei der Hitze bewege ich mich nicht, hab eh ein
Problem mit der Luft. Erst gegen Abend wurde
es angenehmer. Dann ging es noch mal ins Wasser. Oh, war das herrlich. Auch Frieda ging freiwillig in das kühle Nass. Nahebei genossen wir
den herrlichen Sonnenuntergang.

Am nächsten Morgen wurde zusammen-
gepackt. Ich merkte, dass Herrchen und Frauchen traurig waren. Der Urlaub ging nun zu
Ende. Gerne wären wir weitergereist, aber leider
rief die Arbeit, was auch immer das sein mochte.

Die Weiterfahrt nach Deutschland begann mit einer Fähre, hoffentlich würde es nicht so lange dauern wie auf der Hinfahrt nach Schweden. Aber so schlimm war das dann doch nicht. Keine 45 Minuten dauerte die Fahrt.

»Herzlich willkommen in Deutschland«, begrüßt uns ein großes Schild, als wir die Fähre verließen. Von Puttgarden aus gings runter von Fehmarn auf die A1, unsere Hausautobahn. Aber es ging noch nicht nach Hause, auch wenn wir an Neustadt vorbeifuhren. Nächster Halt war Hamburg. Genauer Stellplatz: Bunthaus. »Ich will zurück nach Schweden«, jammerte Herrchen. Hier in Hamburg waren es an diesem 20. Juli 2022 satte 39 Grad. Puh, das war unerträglich heiß. Zum Glück ergatterten wir noch einen Platz im Schatten.

Frauchen drängte darauf, dass wir ins Wasser kamen. Die Elbe sei gleich nebenan, wurde uns gesagt. Nur leider war grad das Wasser weg. Es war Ebbe. Aber das machte uns nichts aus. Wir tobten stattdessen im Schlamm. Das war sogar noch besser als Wasser. Wir sahen zwar hinterher aus wie Ferkel, aber bei mir fällt das nicht so auf, doch Frieda war jetzt ganz schwarz. So wie auch die Füße unserer Zweibeiner. Aber die beiden schienen nicht allzu böse zu sein. Auf dem Entsorgungsplatz bekamen wir noch eine Dusche. Das kalte Wasser tat richtig gut. Frieda war nicht ganz so begeistert, aber sie ließ es über sich ergehen. So abgekühlt ging es zurück zu Jule. Heute bewegte sich keiner mehr.

Später am Abend gingen Herrchen und Frauchen noch was essen. Im Restaurant bekamen wir sogar was zu trinken. Was für ein Service. Erst jetzt wurde es erträglicher mit der Hitze. Ich habe ordentlich zu tun bei Hitze, kriege dann ganz schlecht Luft. Beide Zweibeiner machten sich um mich Sorgen. Ich bekam mit, dass sie sich über eine OP unterhielten, damit ich besser Luft bekomme und nicht mehr so leiden müsse, wenn es so heiß ist.

Trotz aller offenen Fenster und Türen war es unerträglich heiß in Jule. Wir versuchten etwas zu schlafen, doch in dieser Nacht tat keiner wirklich ein Auge zu. In der Früh wurde es langsam angenehmer. Nach kurzer, anstrengender Nacht und kurzem Frühstück ging es weiter. Ab auf die Bahn. Nächster Halt war der Dümmer See. Hier sind wir schon mal gewesen, als ich noch ein Welpe war. Es war meine erste Reise mit einem rollenden Haus. Da war ich erst ein paar Tage bei meiner jetzigen Familie. Das war voll spannend. Ob ich etwas wiedererkenne? Wir werden sehen.

Diesmal standen wir auf dem neuen Wohnmobilhafen Tiemanns Hof. Wir hatten Glück, dass wir noch einen Platz für zwei Tage bekommen hatten. Hier war es temperaturtechnisch angenehmer als in Hamburg, zwar immer noch sehr warm, aber nicht 39 Grad. Das war schon heftig gewesen. Hier genossen wir wieder die Ruhe der Natur, machten ein paar entspannte Spaziergänge am See entlang und ruhten uns aus. Der Dümmer See ist wohl der Lieblingssee von Herrchen und Frauchen. Sie waren schon ein paar Mal hier. Ist aber auch ein schönes Fleckchen Erde. Nach zwei Tagen kam für Herrchen das Highlight, er löste sein Weihnachtsgeschenk ein.

Die Fahrt ging weiter nach Gütersloh. Hier fährt wohl kein Mensch freiwillig hin, um Urlaub zu machen, aber hier gibt es eine Grill-Akademie. Frauchen hatte ihm einen Grillkurs geschenkt. Ist ja nicht so, dass Herrchen nicht grillen kann, aber er möchte was Neues lernen. Das konnte ja heiter werden. Vom Dümmer See ist Gütersloh einen Katzensprung entfernt, so erreichten wir zeitig das Gelände der Akademie. Bis zum Beginn des Seminars vertrieben wir uns die Zeit mit einem Spaziergang im Gewerbegebiet. Das wollte ich schon immer mal machen. Großes Augenrollen? Stimmt, Gewerbegebiete sind jetzt nicht so toll und dann noch hier in Gütersloh. Aber es gibt Schlimmeres, wie ich später feststellen musste.

Frauchen und wir blieben in Jule, während Herrchen zu seinem Grill-Seminar ging. Frauchen machte es sich bequem und strickte. Frieda und ich lagen auf unseren Decken und genossen den Abend. Doch dann wurde es heftig für uns, denn in der Akademie wurden die Grills angeschmissen. Schade, dass es kein Geruchsbuch gibt. Da liegst du da und denkst nichts Böses und dann steigt dir der Duft von frischem gegrilltem Fleisch in die Nase. Die nächsten Stunden wurden zur Qual für Frieda und mich. Für Frauchen natürlich auch, denn die mag ja kein Fleisch mehr. Es war der Horror. Mir lief das Wasser im Maul zusammen. Ich sage euch, das ist schon fies.

Als Herrchen nach Stunden endlich wieder zu uns kam, war er überglücklich. Und er roch auch noch verdammt gut. Er erzählte von dem Seminar und von dem, was er dort gelernt hatte, er war völlig aus dem Häuschen. Müde, aber glücklich ging er dann ins Bett.

Für uns wurde die Nacht echt fies. Frieda und ich sabberten die ganze Zeit und hatten Hunger, weil Herrchen nach Grillen duftete. Und Frauchen war kurz vorm Kotzen, denn sie isst ja kein Fleisch mehr. Na dann ... gute Nacht.

Und dann kam der nächste Morgen. Allen war klar, dass nun der Urlaub zu Ende war. Herrchen und Frauchen saßen traurig bei ihrem Kaffee. Frieda und ich wussten nicht recht, ob wir uns freuen oder auch traurig sein sollten. Wir freuten uns auf zu Hause, auf unseren Garten, auf das Toben am Strand. Aber es ist auch schön und spannend zu reisen. Überall roch es anders und interessant. Es gab so viel zu sehen. Auch wenn Herrchen und Frauchen immer so viel gelaufen waren, aber auch das war irgendwie schön. Auf der Nachhausefahrt waren alle sehr still. Wir beide verschliefen die Fahrt, während Herrchen und Frauchen ihren Gedanken nachhingen. Das Wetter war auch traurig, es regnete.

Nun sind wir wieder zu Hause und reden noch viel von der schönen Reise. Herrchen sagt immer, nach dem Urlaub ist vor dem Urlaub. Ich weiß, dass er schon die nächste Reise plant. Wo die hingeht, weiß ich aber noch nicht, doch die wird bestimmt auch wieder spannend.

Wenn euch unsere Geschichte gefallen hat, dann seid ihr herzlich eingeladen, uns auch bei unseren kommenden Reisen zu begleiten.

In diesem Sinne Wau! und Wuff!, Odin, Frieda und unsere Zweibeiner.